TOPS SECRETS

Les problèmes de l'ouvreur

PILON LÉBELY

TOPS SECRETS

Les problèmes de l'ouvreur

BERNARD GRASSET
PARIS

Tous droits de traduction, de reproduction et d'adaptation réservés pour tous pays.

© *Grasset & Fasquelle - 1995*

ISBN 978-2-246-50321-7

AVERTISSEMENT AU LECTEUR

Quelques mots de mise en garde pour commencer.

Il n'est pas impossible que dans un premier temps les notions contenues dans cet ouvrage vous déconcertent.

En effet, jusqu'à présent, aucun livre de bridge n'avait encore osé aborder de front les difficultés que l'on rencontre en jouant la Majeure 5ème.

Notre collection *Tops Secrets,* elle, s'est fixé comme objectifs de passer en revue les problèmes de notre système et de trouver les bonnes solutions.

Nous avons sélectionné les situations délicates les plus courantes, mais n'ayez crainte, nous avons fait en sorte que la présentation et nos explications soient les plus claires possibles.

Les TOPS SECRETS vous permettront d'acquérir rapidement un SAVOIR-FAIRE qui, vous le verrez, "marche" à merveille à la table.

D. PILON & N. LEBELY

LES OUVERTURES

OUVREZ-VOUS de 1♣ ou 1♦ ?

❶	❷	❸
♠ AV72	♠ V976	♠ 762
♥ 432	♥ AV54	♥ A4
♦ RD8	♦ 1032	♦ RV103
♣ RV5	♣ AR	♣ RD75

❹	❺	❻
♠ R32	♠ 85	♠ RV5
♥ V8	♥ A	♥ 632
♦ A654	♦ V10432	♦ V654
♣ RD109	♣ ARV98	♣ ADV

❼	❽	❾
♠ D63	♠ A6	♠ A
♥ 42	♥ —	♥ 4
♦ R652	♦ RV982	♦ AD1043
♣ ARV10	♣ ARV974	♣ D106542

❶ 1♣ - de préférence à 1♦ avec les deux mineures 3èmes.

❷ 1♦ - jamais d'ouverture de 1♣ dans 2 cartes.

❸ 1♦ - classique avec les deux mineures 4èmes de qualité à peu près équivalente.

❹ 1♣ - car si les adversaires jouent le coup, on tient :
- à ce que Nord entame à ♣ plutôt qu'à ♦
- et à préserver l'As de Carreau en reprise.

❺ 1♦ - quelle que soit la qualité des couleurs, pas de dérogation à la règle des bicolores 5-5.

❻ 1♣ - meilleur que 1♦ pour éviter : 1♦ 2♣
2SA

❼ 1♣ - encore une fois, pour ne pas provoquer une entame catastrophique à Carreau.

❽ 1♣ - la couleur 6ème d'abord (avant de répéter les Carreaux).

❾ 1♦ - quand la force est minimum (10-12 H), on ouvre de la couleur la plus chère (comme si l'on avait un 5-5).

TOP SECRET

Quand vous êtes à l'ouverture avec une main comportant 4♣ et 4♦, l'adversaire finit souvent par remporter le contrat final.

Aussi, si vous prévoyez d'indiquer la bonne entame, ouvrez de 1♣.

Les autres, eux, vont ouvrir à tort de 1♦.

OUVREZ-VOUS de 1SA ?

❶
♠ AV7
♥ RD84
♦ RV92
♣ A5

❷
♠ R5
♥ R7
♦ AV103
♣ RV1084

❸
♠ V2
♥ V3
♦ ARV74
♣ AD52

❹
♠ A10
♥ RD76
♦ D5
♣ AV1043

❺
♠ AR105
♥ 62
♦ ARV107
♣ V4

❻
♠ R
♥ AD102
♦ RD98
♣ D1073

❼
♠ AD42
♥ A
♦ RV107
♣ D1053

❶ **1♦** - et surtout pas 1SA avec 18 H. Comme les champions du monde entier, adoptez le Sans-Atout 15-17.

❷ **1 SA** - pour vite occuper le terrain et protéger les deux Rois seconds.

❸ **1♦** - puis les Trèfles. Avec cette main, on n'a aucun intérêt à recevoir l'entame à Sans-Atout.

❹ **1 SA** - afin de bien zoner la force et "barrer" les Piques.

❺ **1♦** - et pas 1SA, car les doubletons ne sont pas du tout gardés et les honneurs sont concentrés dans le bicolore.

❻ **1 SA** - si l'on ouvre de 1♦, on sera "coincé" sur la réponse (prévisible) de 1♠; après tout, un Roi sec vaut largement deux petites cartes.

❼ **1♦** - puisqu'ici on a des Piques que l'on nommera sans problème sur une réponse de 1♥.

TOP SECRET

Pour vous éviter des problèmes de redemande, osez ouvrir de 1SA avec :

- **deux doubletons gardés,**
- **un 4441 comportant un gros honneur sec à Pique.**

OUVREZ-VOUS de 1SA ?

❶	❷	❸
♠ RD2	♠ RD3	♠ 42
♥ RD4	♥ R7	♥ 53
♦ RV52	♦ RV10432	♦ ARD1096
♣ RV3	♣ R5	♣ RDV

❹	❺
♠ AV10	♠ AR2
♥ RV10	♥ AR7
♦ R	♦ A1065
♣ DV9875	♣ 942

❻	❼
♠ RV9	♠ R4
♥ R5	♥ A9
♦ D109	♦ AD107543
♣ RD1094	♣ V2

❶ **1SA** : ces 18 points hideux (4333 sans As ni intermédiaires) n'en valent que 17 !

❷ **1SA** - à cause des bonnes teneurs pour recevoir l'entame et de la belle mineure 6ème affranchissable.

❸ **1♦** - aucune envie de jouer à Sans-Atout de cette main et une redemande évidente à 3♦.

❹ **1SA** - malgré le Roi sec, car entre autres avantages, les deux majeures 3èmes conviendront idéalement en cas de Texas du répondant.

❺ **1♦** - ce serait une erreur d'appréciation que d'ouvrir de 1SA cette main de 18 H toute en "top-cartes".

❻ **1SA** - ces 14 pts H en valent largement 15 !

❼ **1SA** (!) - tout ce qu'il faut pour recevoir l'entame et surtout une irrésistible envie de barrer les majeures.

TOP SECRET

Vous avez 14-15 H,
une mineure 6ème et des fourchettes :
allez-y carrément, ouvrez de 1SA.

Les champions, qui connaissent bien les avantages
de cette ouverture (précision, agressivité, ...)
le font depuis longtemps.

Imitez-les.

OUVREZ-VOUS en 1ère POSITION?

Personne vulnérable

❶	❷	❸
♠ AV10953	♠ AR1075	♠ AV2
♥ 4	♥ A984	♥ D
♦ AV106	♦ 6	♦ 7642
♣ 72	♣ 1032	♣ RV543

❹	❺	❻
♠ 102	♠ R1093	♠ A1098542
♥ A1094	♥ 2	♥ —
♦ AD10753	♦ 7	♦ A1082
♣ 3	♣ AD109843	♣ 43

❼	❽	❾
♠ ADV974	♠ AV107	♠ 3
♥ R1073	♥ 642	♥ ARD109
♦ 96	♦ RDV107	♦ V1096
♣ 2	♣ 5	♣ V107

❶ **1♠** - seulement 10 pts H, mais ce 6-4 à honneurs concentrés est très élégant.

❷ **1♠** - le fameux "As Roi & As" à la tête d'un bicolore majeur 5-4.

❸ **Passe** - 11 H atroces (Dame sèche), des mineures et pas d'intermédiaire.

❹ **1♦** - avec cet autre beau 6-4 de 10 H tous efficaces.

❺ **1♣** plutôt que **Passe**, mais certainement pas un barrage à 3♣ avec quatre cartes à Pique.

❻ **1♠** (!) - une distribution 7-4 renforcée par deux As et une kyrielle d'intermédiaires.

❼ **1♠** - tous les ingrédients d'une bonne ouverture sont présents ici : 10 cartes majeures, honneurs groupés.

❽ **1♦** - 11 points superbes et pas de problème de redemande.

❾ **1♥** - pour indiquer la bonne entame, quoi qu'il arrive.

TOP SECRET

A partir de 9 H, ouvrez tous les bicolores de 11 cartes à honneurs concentrés.

Descendez même jusqu'à 8, à condition qu'il s'agisse de deux As !

OUVREZ-VOUS en 1ère POSITION?

Personne vulnérable

❶	❷	❸
♠ 3	♠ AV954	♠ 2
♥ AR10742	♥ 73	♥ RD1082
♦ DV98	♦ 2	♦ R986
♣ 105	♣ AD832	♣ R104

❹	❺	❻
♠ A10542	♠ —	♠ AV1086
♥ V3	♥ DV10942	♥ RD1093
♦ RV6	♦ DV108	♦ 54
♣ D32	♣ A95	♣ 2

❼	❽	❾
♠ 85	♠ RDV963	♠ R
♥ 4	♥ A97	♥ RD6
♦ DV1085	♦ 542	♦ R532
♣ ADV76	♣ 3	♣ V7643

❶ **1♥** - cette main mérite mieux qu'une ouverture de Deux Faible.

❷ **1♠** - comme le font maintenant tous les bons joueurs avec les bicolores 5-5 noirs..

❸ **1♥** - avec des Cœurs, il est urgent d'ouvrir.

❹ **Passe** - en revanche, avec des Piques, on est beaucoup moins pressé, surtout avec des honneurs dispersés.

❺ **1♥** - à passer, on risquerait de se voir ensuite submergé par les Piques.

❻ **1♠** - 10 pts H, mais rien n'est plus excitant qu'un bicolore majeur.

❼ **Passe** - des mineures..., bof ! Plus tard, on interviendra à 2SA.

❽ **1♠** - et surtout pas 2♠ Faible, car, avec ce genre de main, il faut à tout prix éviter de se distinguer des adeptes du Deux Fort.

❾ **Passe** : 12 H "d'opérette" !

TOP SECRET

Ceux qui ouvrent d'un Deux Faible les mains de 10 H comportant une belle couleur 6ème et un singleton "empaillent" souvent la manche.

Alors, ne faites pas comme eux, ouvrez-les au palier de un.

OUVREZ-VOUS en 3ème POSITION ?

S	O	N	E
		Passe	Passe
?			

1
♠ 3
♥ 106
♦ ADV954
♣ V1082

2
♠ ARV107
♥ 9542
♦ 54
♣ 76

3
♠ 5
♥ RDV108
♦ DV92
♣ 753

4
♠ D105
♥ 62
♦ 753
♣ ARV109

5
♠ 963
♥ A42
♦ RD1076
♣ 93

6
♠ 73
♥ RDV9
♦ AV4
♣ 10432

7
♠ D8
♥ V8763
♦ A75
♣ R94

8
♠ RD1094
♥ 6
♦ V9853
♣ 32

❶ **3♦** - non vulnérable, perturbez les adversaires; ici, ils sont forts avec sans doute les majeures.

❷ **1♠** - sur n'importe quelle ouverture adverse au niveau de 1, vous auriez glissé 1♠; alors, ouvrez en 3ème.

❸ **2♥** Faible (!), la courte à Pique et la solidité des Cœurs motivent ce mensonge.

❹ **1♣** - indispensable pour indiquer l'entame.

❺ **1♦** - puis **Passe** sur la réponse de 1♥ ou 1♠.

❻ **1♥** - quitte à ouvrir, autant le faire dans la seule couleur déclarable, même si elle n'est que 4ème.

❼ **Passe** - ce 5332 à honneurs éparpillés est aux antipodes d'une ouverture en 3ème.

❽ **2♠** Faible, uniquement dans le but d'empoisonner le joueur suivant.

TOP SECRET

Ouvrez en 3ème position
les mains justifiant une "petite" intervention,

c'est-à-dire à partir de 7-8 H, à condition bien entendu que votre couleur 5ème soit belle.

QUELLE EST VOTRE OUVERTURE en 3ème POSITION ?

S	O	N	E
		Passe	Passe
?			

❶
♠ AD6
♥ R5
♦ AD1093
♣ A104

❷
♠ V1094
♥ RD92
♦ RV106
♣ 5

❸
♠ 4
♥ ARD1076
♦ 10972
♣ 75

❹
♠ A10
♥ R94
♦ R6
♣ A108632

❺
♠ D10
♥ D9
♦ A10
♣ ARD10976

❻
♠ RV1042
♥ DV109865
♦ 7
♣ —

❼
♠ A5
♥ RV1098
♦ V973
♣ 32

❽
♠ A
♥ ADV9875
♦ 43
♣ R32

❶ **2SA** - afin de mettre le camp sur les bons rails en "étouffant" les interventions adverses..

❷ **1♦** - en prévoyant de passer sur la réponse du partenaire.

❸ **3♥** - avec 10 cartes rouges (honneurs groupés à Cœur) et une irrésistible envie de barrer les Piques.

❹ **1SA** - ces 14 H en valent amplement 16.

❺ **3SA** -pour les jouer. Les critères de barrage en 3ème ne sont plus du tout les mêmes qu'en 1ère ou 2ème position.

❻ **4♥** - le manque de valeurs défensives justifient ce barrage et cette main doit absolument être jouée à l'atout .Cœur.

❼ **2♥ Faible**, tout compte fait moins risqué que l'ouverture de 1♥.

❽ **4♥** - barrage "anti-Piques".

TOP SECRET

En 3ème position,
ouvrez systématiquement de 2SA :

- **avec 19 pts H**
- **et une belle mineure 5ème (5332 - 5422).**

Succès garanti.

QUELLE EST VOTRE OUVERTURE en 3ème POSITION ?

S	O	N	E
		Passe	Passe
?			

Personne vulnérable

❶
♠ 3
♥ 72
♦ RDV10965
♣ D109

❷
♠ D9632
♥ D6
♦ RV4
♣ D72

❸
♠ R10
♥ D9
♦ AR86432
♣ V7

❹
♠ 6
♥ ARD10
♦ 732
♣ V10964

❺
♠ A7
♥ 2
♦ AV92
♣ ARD1075

❻
♠ 72
♥ 43
♦ 96
♣ RDV10984

❼
♠ V1084
♥ RDV972
♦ 63
♣ 5

❶ **4♦** - un cran au-dessus en 3ème !

❷ **Passe** - que les adversaires jouent un contrat n'a rien pour vous déplaire, alors laissez-les dialoguer en paix.
De surcroît, il ne serait guère judicieux d'inspirer une entame à Pique avec cette teneur.

❸ **1SA** - beaucoup plus efficace que 1♦ pour faire de l'obstruction avec ces 7 Carreaux et ces 3 doubletons plus ou moins gardés.

❹ **1♥** - et pas 1♣, car il va certainement bientôt "pleuvoir" des Piques !

❺ **1♣** - puis les Carreaux; vos 18 pts H vous assurant une bonne protection contre les interventions majeures, soyez "réglo", développez normalement votre bicolore.

❻ **3♣** "conservateur" avec 7 Trèfles ou, pour les plus audacieux, un psychic à ... **1SA** (!!!) en prévoyant de passer ensuite sur le 2♣ Stayman du partenaire ou d'annoncer 3♣ s'il fait un Texas.
A ne pas mettre entre toutes les mains !

❼ **3 ♥** - en ignorant les Piques, simple "routine" en 3ème.

TOP SECRET

En 3ème, avec les mains faibles et bien distribuées,
toute fantaisie est non seulement permise,
mais préconisée.
Pour mener la vie dure aux adversaires,
faites confiance à votre instinct.

Avec les mains fortes, en revanche,
ouvrez normalement.

QUELLE EST VOTRE OUVERTURE en 4ème POSITION ?

S	O	N	E
	Passe	Passe	Passe
?			

❶
♠ 3
♥ D10764
♦ RV4
♣ RV43

❷
♠ 2
♥ ARV10842
♦ D1098
♣ 5

❸
♠ R84
♥ 6
♦ RDV9875
♣ DV

❹
♠ R5
♥ A3
♦ ARD9762
♣ 94

❺
♠ 7
♥ 843
♦ ARD1054
♣ D107

❻
♠ ARD
♥ RDV10762
♦ A4
♣ 3

❼
♠ AV74
♥ RV1082
♦ V94
♣ 2

❽
♠ R4
♥ R7
♦ RD1085
♣ 10743

❾
♠ 72
♥ ARDV96
♦ V7
♣ 432

❶ **Passe** - une ouverture de 1♥ risque trop de permettre aux adversaires de découvrir un contrat à Pique.

❷ **4 ♥** - la réussite d'un chelem est improbable et il faut tout faire pour éviter que le camp adverse ne se trouve un contrat dans les noires.

❸ **3♦** - en 4ème position, un tel barrage est tout à fait possible avec 12 points H, car il faut empêcher l'adversaire de se manifester dans les majeures.

❹ **3SA** - on a 8 plis ½ et le partenaire n'est pas nul.

❺ **3♦** - avec 11 H et une carte de moins que d'habitude, l'absence de la 7ème carte étant compensée par la qualité de la couleur et de la distribution.

❻ **2♦ Forcing Manche** - Nord ayant très bien pu passer avec 2 As, un chelem n'est pas exclu.

❼ **1♥** - au nom du 5-4 majeur.

❽ **Passe** - une ouverture sans As ni majeure conduirait à ouvrir pour le camp adverse.

❾ **3♥** - avec un très mince espoir de manche, il est nécessaire de faire le maximum contre les Piques et une ouverture de 1 ou même 2♥ serait insuffisante.

TOP SECRET

En 4ème position,
essayez de déterminer si un chelem est encore possible malgré le passe d'entrée de votre partenaire.

Si vous estimez que non,
sautez directement à la manche sans faire de détail.

BIEN OUVRIR LES MAINS 4441

❶
♠ R
♥ D1085
♦ RV98
♣ ADV8

❷
♠ R976
♥ 4
♦ V1043
♣ ARD9

❸
♠ AD98
♥ RD83
♦ R
♣ R1098

❹
♠ AD104
♥ RV97
♦ AD86
♣ A

• en 3ème position

❶
♠ R
♥ AD73
♦ RV94
♣ ADV8

❷
♠ 4
♥ ADV10
♦ V632
♣ R542

❸
♠ R1042
♥ R1075
♦ RV92
♣ 3

❹
♠ RDV9
♥ 2
♦ A987
♣ 10754

❶ **1SA** - en dépit du singleton, car :
- il s'agit d'un gros honneur,
- il se situe à Pique (problèmes de redemande à prévoir sur une réponse de 1♠),
- les autres couleurs sont bien gardées,
- on empêche l'intervention à 1♠.

❷ **1♣** - en vue de l'entame, il faut déroger avec des Trèfles très solides et de mauvais Carreaux.

❸ **1♣** - et pas 1SA qui risquerait de faire manquer un fit majeur (avec de 5 à 7 H en face).

❹ **2SA** - par crainte, si l'on ouvrait de 1♦, d'un passe général.

---

❶ **2SA** - même raisonnement que l'ouverture de 1SA en ❶, surtout en 3ème position (la chance de réussir un chelem est très réduite).

❷ **1♥** - en cas de contrat adverse à Pique, guidons l'entame du partenaire.

❸ **1♦** - en projetant de passer sur une réponse de 1♥ ou 1♠ en Nord.

❹ **1♠** : l'entame, toujours l'entame, et aussi le désir de barrer les Cœurs.

TOP SECRET

Même dans le cadre de la Majeure 5ème,
en 3ème position,
vous auriez grandement tort
de ne pas ouvrir d'une belle majeure 4ème.

Dans cette situation particulière,
libérez-vous de tout tabou.

BIEN OUVRIR LES MAINS FORTES

❶	❷	❸
♠ RDV1097	♠ RV7	♠ 4
♥ 4	♥ AD	♥ ARD109753
♦ ARDV9	♦ A105432	♦ RD107
♣ A	♣ AD	♣ —

❹	❺	❻
♠ 43	♠ A109	♠ AD109
♥ 10	♥ A4	♥ ARV843
♦ ARD106	♦ A10	♦ A42
♣ ARDV10	♣ ARDV97	♣ —

❼	❽	❾
♠ R109	♠ ARD9	♠ ARD1072
♥ A10	♥ ARD1087	♥ ARD108
♦ ARD104	♦ R4	♦ 4
♣ RD7	♣ 2	♣ 7

❶ **2♦ Forcing Manche**, puis conclusion de 4♠ à ... 7SA en fonction du nombre d'As de Nord.

❷ **2SA** - pour protéger les fourchettes (les Carreaux sont trop laids pour un Deux fort).

❸ **2♦** - seule et unique façon d'apprendre si l'As du partenaire nous intéresse ou non.

❹ **1♦** - avant de jumper à 3♣ . Le risque d'un passe général sur l'ouverture de 1♦ est quasi inexistant. Bien entendu, il ne faut pas ouvrir de 1♣ (jamais de bicolore cher avec un 5-5 mineur, quelle que soit sa force).

❺ **2♦** - on se compte 9 levées à Sans-Atout.

❻ **1♥** - après tout, cette main ne comporte que 18 H et puis surtout, on n'ouvre pas de 2♣ F.I. avec un bicolore.

❼ **2♣ Fort Indéterminé**, puis 2SA; cette main vaut 22-23 points et est donc trop belle pour une ouverture de 2SA.

❽ **2♦** - ici aussi, le nombre d'As du partenaire est le renseignement qui nous intéresse.

❾ **2♦** - à main exceptionnelle (2 perdantes), ouverture exceptionnelle.

TOP SECRET

Tous les bridgeurs savent ouvrir Forcing de Manche avec au moins 24 H.
Mais très peu le font aussi avec moins de points, quand :

- **leur distribution est vraiment exceptionnelle,**
- **la connaissance de la couleur de l'As est indispensable,**
- **une ouverture de 1♥ ou 1♠ risque d'être suivie d'un passe général.**

BIEN OUVRIR LES MAINS FORTES

❶	❷	❸
♠ A	♠ 54	♠ ARDV6
♥ A	♥ 52	♥ ADV
♦ AD106	♦ ARDV1087	♦ RD10
♣ RV108743	♣ AR	♣ 54

❹	❺	❻
♠ R4	♠ 42	♠ R4
♥ DV9	♥ ARD10984	♥ R3
♦ AR	♦ AR10	♦ A5
♣ ARV1083	♣ 3	♣ ARD10762

❼	❽	❾
♠ A75	♠ ARDV82	♠ ADV984
♥ —	♥ —	♥ R4
♦ RDV10754	♦ AR102	♦ DV7
♣ ARD	♣ R109	♣ AD

❶ **1♣**, seule ouverture qui permettra de décrire ce jeu. Un passe général est tout à fait impossible et puis, il faut avoir au moins 22-23 H pour ouvrir de 2♦ avec un bicolore mineur.

❷ **2♣FI** - en dépit des 9 plis, car il sera nécessaire de trouver un peu de jeu dans les majeures chez le partenaire pour gagner une manche.

❸ **2♦FM** - 22 H, une belle majeure 5ème et les honneurs groupés justifient pleinement cette ouverture.

❹ **2♦** - même si le partenaire n'a rien du tout, trois petites cartes à Trèfle chez lui peuvent suffire pour aligner 9 levées à Sans-Atout.

❺ **2♦** - puisque l'on a un unicolore majeur de 4 perdantes (la manche "moins un").

❻ **2♦** - en prévoyant de sauter à 3SA sur une réponse négative de 2♥.

❼ **2♦** - comme chaque fois qu'il manque un seul pli pour la manche (ici 5♦).

❽ **2♦** - avec ce jeu, on a hâte de connaître la couleur de l'As (éventuel) de Nord.

❾ **2♣** - l'ouverture "juste" avec cet unicolore majeur de 5 perdantes.

TOP SECRET

Ouvrez toujours de 2♦ Forcing Manche
avec en main
une couleur autonome et la manche "moins un" :

- **9 plis sûrs en majeure,**
- **mais attention, pas moins de 10 en mineure !**

LES SUPER-BARRAGES

Est Ouest vulnérables

❶	❷	❸
♠ 42 ♥ V3 ♦ RV1097632 ♣ 4	♠ 7 ♥ — ♦ AV10732 ♣ RD10987	♠ — ♥ 5 ♦ RDV108742 ♣ DV97

❹	❺	❻
♠ D42 ♥ 73 ♦ ARDV1074 ♣ V	♠ DV1087642 ♥ — ♦ DV7 ♣ 104	♠ — ♥ 42 ♦ 75 ♣ ARD1097542

❼	❽	❾
♠ — ♥ ARDV987 ♦ R96 ♣ 742	♠ RDV97532 ♥ 6 ♦ 4 ♣ ARD	♠ — ♥ DV1098642 ♦ ARV75 ♣ —

❶ **4♦** - barrage mineur classique avec 8 cartes.

❷ **4SA** - violent bicolore mineur qui va énormément compliquer la tâche des adversaires.

❸ **5♦** - avec un singleton et une chicane dans les majeures, 4♦ serait insuffisant (en fait, le 4ème Trèfle remplace le 9ème Carreau).

❹ **3SA** "gambling" (sans As ni chicane à côté de la mineure maîtresse).

❺ **4♠** - courageux barrage reposant sur les 8 cartes et la chicane.

❻ **5♣** - et pas 3SA - avec la couleur 9ème et la chicane.

❼ **4♥** - barrage inspiré par une énorme envie de barrer les Piques.

❽ **2♦** - afin de savoir instantanément combien d'As le partenaire détient (chelem possible avec cette jolie main de 3 perdantes).

❾ **5♥** - à l'adversaire de plonger dans l'inconnu et à Nord de poursuivre en fonction de ses honneurs à Cœur !

TOP SECRET

Vert contre rouge,
n'ayez jamais froid aux yeux !

Très court dans les majeures,
mettez la pression sur les adversaires
en augmentant d'un cran le niveau de vos barrages !

LES REDEMANDES

5 PROBLEMES de REDEMANDE

❶

Sud	Nord
1♠	1SA
?	

♠ ARD108
♥ 9742
♦ D4
♣ D3

❷

Sud	Nord
1♦	1♠
?	

♠ —
♥ A1032
♦ ARD1084
♣ RV5

❸

Sud	Nord
1♦	1♠
?	

♠ V6
♥ R1043
♦ AV732
♣ A10

❹

Sud	Nord
1♣	1♥
?	

♠ 42
♥ R3
♦ AV97
♣ RD1098

❺

Sud	Nord
1♥	1SA
?	

♠ AV97
♥ RDV98
♦ 4
♣ D108

❶ **2♥** - Nord pouvant posséder 4 ou 5 Cœurs (et même plus), il ne faut pas négliger la chance de découvrir ce fit majeur.

❷ **2♥** - bicolore cher, une répétition à saut à 3♦ dénierait formellement la possession de 4 cartes à Cœur.

❸ **1SA** - bien meilleur qu'une répétition à 2♦, à cause des honneurs dispersés et du doubleton gardé.

Si Nord est faible avec 5 Piques et 4 Cœurs, on découvrira sans peine la partielle à 2♥, alors qu' après :

1♦ 1♠
2♦ 2♥ serait une 3ème Couleur forcing.

❹ **2♣** - préférable à 1SA en raison du doubleton non gardé à Pique.

❺ **Passe** - d'autant plus que, par sa réponse de 1SA, Nord détient forcément des mineures. Pour répéter les Cœurs dans de telles circonstances (comme sur 1♠), il faut posséder un minimum de 6 cartes.

TOP SECRET

	Sud	Nord
Après :	**1♠**	**1SA**

	Sud	Nord
et :	**1♠**	**2♣/2♦**

même si vos quatre cartes à Cœur sont minuscules, ne les cachez jamais.

Il s'agit d'une redemande prioritaire.

LES SOUTIENS DE L'OUVREUR

Sud	Nord
1♣	1♥
?	

❶
♠ ARD10
♥ 9742
♦ 83
♣ AV5

❷
♠ A84
♥ RV108
♦ 2
♣ RD1097

❸
AD10
♥ 8642
♦ R73
♣ RV10

❹
♠ A10
♥ RDV9
♦ 632
♣ ARV10

❺
♠ AD9
♥ AV106
♦ —
♣ AD10832

❻
♠ AV9
♥ AD82
♦ R103
♣ RD2

❼
♠ 64
♥ AD98
♦ 95
♣ AR1087

❽
♠ 52
♥ AR73
♦ 6
♣ ARD1096

❾
♠ 4
♥ R1032
♦ ARV
♣ ARV105

❶ **2♥** - et surtout pas 1♠, redemande non forcing qui dénierait 4 cartes à Cœur.

❷ **3♥** - la valeur "exacte" de cette main bien distribuée et pas 2♥ qui traduirait une ouverture ordinaire.

❸ **2♥** - obligatoire, et pas 1SA, en dépit de la distribution plate et des fourchettes.

❹ **4♥** - 18-19 H et un doubleton (distribution 4432 avec 4 Trèfles).

❺ **2♠ Forcing Manche**, suivi du fit à Cœur. La courte à Carreau sera facile à déduire.

❻ **3SA*** soutien conventionnel - main plate avec quatre Cœurs et une mineure d'ouverture 3ème (main 4333 ou 4432).

❼ **3♥** - à cause des honneurs concentrés dans les couleurs longues (pas de point perdu dans les doubletons).

❽ **4♣** - l'équivalent d'un soutien à 4♥ avec une très forte couleur 6ème à Trèfle.

❾ **2♦** - bicolore cher, puis fit à Cœur (on ne doit jamais jumper directement à 4♥ avec une main irrégulière).

TOP SECRET

Avec 18-19 H et un singleton,
ne soutenez jamais directement le répondant
à 4♥ ou 4♠.

Faites toujours une enchère forcing intermédiaire
avant de le fitter.

LES SOUTIENS DE L'OUVREUR

Sud	Nord
1♦	1♠
?	

❶	❷	❸
♠ ARV6	♠ RD104	♠ A1085
♥ 10	♥ A107	♥ A32
♦ RDV98	♦ AV96	♦ AD1087
♣ A93	♣ 84	♣ 5

❹	❺	❻
♠ AD96	♠ RV1087	♠ ARD42
♥ —	♥ A	♥ 4
♦ ARV974	♦ AR109652	♦ ARV972
♣ A53	♣ —	♣ 3

❼	❽	❾
♠ ADV10	♠ R1098	♠ AD105
♥ 2	♥ A62	♥ A2
♦ ARDV108	♦ A109642	♦ RD10754
♣ 94	♣ —	♣ 9

❶ **4♣* Fragment-bid** (5 Clés sur un total de 7 possibles : ARD de la couleur d'atout, ARD de la couleur d'ouverture et As du Fragment-bid + singleton à ♥). Cette enchère peut permettre d'atteindre un chelem "sur mesure".

❷ **2♠** - certes, la main est maximum pour cette enchère, mais il ne faut pas dire 3♠ qui montrerait une main irrégulière.

❸ **3♠** - car cette main vaut 18 pts S grâce aux 3 As, aux intermédiaires et au singleton.

❹ **3♣** - ce jeu est trop fort pour un Fragment-bid à 4♣* en raison de la chicane et du 6ème Carreau.

❺ **5SA* Joséphine** - afin de poser l'unique question importante : "partenaire, avez-vous 2 gros honneurs à ♠ ? Si oui, annoncez 7♠ ".

❻ **4SA Blackwood** : hormis son nombre d'As, rien ne nous intéresse dans la main du répondant (de plus, l'adversaire aura du mal à trouver une éventuelle défense).

❼ **4♦** - décrit à la perfection le 4-6 avec des Carreaux pleins.

❽ **3♠** - ce jeu vaut largement 17 pts S grâce à sa chicane et à ses top-cartes.

❾ **4♥* Fragment-bid** avec 5 Clés sur 7 (AD de ♠, RD de ♦, As de ♥) + singleton à ♣.

TOP SECRET

Même avec seulement 14 points H,
si vous avez une bonne distribution
(couleur au moins 5ème, singleton), n'hésitez pas
à soutenir la majeure du répondant à 3♥ ou 3♠.

VOTRE PARTENAIRE VOUS A SOUTENU à 2♥

Sud	Nord
1♥	2♥
?	

❶	❷	❸
♠ AV4	♠ 4	♠ R754
♥ RV1095	♥ ADV842	♥ D8762
♦ V7	♦ RV107	♦ AD
♣ AD10	♣ 105	♣ RV

❹	❺	❻
♠ 2	♠ AD106	♠ 5
♥ ARV108	♥ R10752	♥ RDV108
♦ D7642	♦ A2	♦ RDV9
♣ A8	♣ R4	♣ 762

❼	❽	❾
♠ A7	♠ 7	♠ A832
♥ AD10942	♥ RDV94	♥ AV1074
♦ A1098	♦ ARD107	♦ AD5
♣ 3	♣ 102	♣ 6

❶ **2SA** - proposition de manche avec ce jeu régulier de 16 H qui, s'il n'avait pas comporté de majeure 5ème, aurait été ouvert de 1SA.

❷ **3♥** - barrage destiné à éviter que les adversaires ne réveillent (en particulier à Pique).

❸ **Passe** - trop de points dans les doubletons pour reparler.

❹ **3♦** - pour essayer de jouer 4♥, si le partenaire peut nous aider à Carreau (courte ou complément d'honneurs).

❺ **2SA** - main assimilée à un jeu régulier avec les deux doubletons gardés.

❻ **3♥** - barrage contre les Piques; la qualité des Cœurs compense le fait que l'on n'en ait que 5 et en cas de chute, celle-ci ne sera pas excessive (6 perdantes).

❼ **4♥** - le contrat à tenter sans raconter sa vie à personne.

❽ **4♥** - si la manche chute, Est-Ouest gagnaient peut-être 4♠ !

❾ **2♠** - enchère d'essai "naturelle" à Pique, afin de proposer la manche à Cœur (il n'y a jamais de bicolore cher après un soutien simple).

TOP SECRET

Après un soutien simple à 2♥ ou 2♠,
vous devez prospecter la manche
avec une main 5431 de 14 H (sans honneur sec).

La meilleure façon de procéder,
c'est de faire une enchère d'essai naturelle.

VOTRE PARTENAIRE VOUS A SOUTENU à 2♠

Sud	Nord
1♠	2♠
?	

❶
♠ RD10843
♥ 72
♦ AD9
♣ 42

❷
♠ AD10862
♥ A4
♦ D863
♣ 7

❸
♠ AD107542
♥ A97
♦ 42
♣ 3

❹
♠ AD1076
♥ 2
♦ RV98
♣ A72

❺
♠ RD1084
♥ A752
♦ AV9
♣ 3

❻
♠ AR10962
♥ 5
♦ 74
♣ AV108

❼
♠ RV965
♥ ARD107
♦ A4
♣ 3

❽
♠ ADV75
♥ DV9
♦ AD
♣ R108

❾
♠ AR10752
♥ —
♦ D7
♣ ARV106

❶ **3♠**, un barrage qui va rendre plus difficile un réveil adverse.

❷ **3♦** - si le partenaire nous aide à Carreau, la manche à Pique peut constituer un bon pari (de toute manière, il faut tâcher d'empêcher l'adversaire d'entrer dans les enchères).

❸ **4♠** - en attaque ou en défense, au nom du fit 10ème.

❹ **3♣** - essai avec une main non régulière. Si le répondant dit 3♦, on sautera à 4♠ et, s'il annonce 3♥, on freinera à 3♠ (points perdus en face du singleton à ♥).

❺ **3♥** - pour jouer 4♥ en cas de fit 4-4 ou 4-5.

❻ **4♠** - on prévoit de ne perdre qu'un Trèfle (réussite de la double impasse ou entame du Roi avec Roi - Dame).

❼ **4♥** - afin de laisser à Nord le choix de la meilleure manche majeure (parfois, il détient 5 Cœurs et 3 petits Piques).

❽ **3SA** naturel; au partenaire d'aviser.

❾ **4♣** - enchère de chelem très explicite (on espère entendre le contrôle à Carreau).

TOP SECRET

En possession d'une couleur d'ouverture 6ème, vous n'avez pas le droit de passer sur un soutien simple du répondant.

Avec les ouvertures minimum, mettez la barre au palier de 3.

REDEMANDES après 1♦ - 2♣

Sud	Nord
1♦	2♣
?	

❶
♠ R1083
♥ RV96
♦ AV42
♣ 5

❷
♠ 4
♥ A8
♦ AV1095
♣ RD976

❸
♠ RD9
♥ AV8
♦ A9754
♣ A6

❹
♠ 53
♥ ARD10
♦ RD1097
♣ D10

❺
♠ AD106
♥ 73
♦ A10876
♣ D9

❻
♠ AV84
♥ RDV6
♦ AD107
♣ 2

❼
♠ 75
♥ 9632
♦ AD53
♣ AR10

❽
♠ 652
♥ 8742
♦ ARD9
♣ R9

❾
♠ AD75
♥ AD2
♦ AV108
♣ V10

❶ **2SA** - les gardes majeures et l'éparpillement des honneurs font classer ce tricolore dans les jeux réguliers.

❷ **4♣** - soutien forcing pour jouer 5, 6 ou 7♣ .

❸ **3SA** - description d'une main régulière puissante (18-19 H) sans majeure 4ème.

❹ **2♥** - bicolore cher; seulement 16 H, mais un véritable "joyau" : la Dame de Trèfle.

❺ **2♦** - trop faible pour 2♠ (bicolore cher) et en l'absence de garde à Cœur, l'annonce de 2SA est impossible.

❻ **2♥** - tricolore fort à assimiler à un bicolore.

❼ **3♣** - plus "naturel" que 2SA sans tenue majeure.

❽ **2♦** - faute de mieux, et surtout pas 2SA, car le contrat de 3SA doit être joué de l'autre main (protection des honneurs ou des fourchettes dans les majeures).

❾ **2SA** mini (12-14) ou maxi (18-19), qui va permettre au répondant de montrer sans difficulté ses quatre cartes à Pique (3♠). Attention, s'il déclare 3SA, il faudra annoncer 4SA pour enfin dévoiler la force de la main.

TOP SECRET

	Sud	Nord
Après :	**1♦**	**2♣**

évitez d'annoncer 2SA
avec un petit doubleton majeur,

- **répétez plutôt de beaux Carreaux 4èmes**
- **ou soutenez les Trèfles avec 3 bonnes cartes.**

REDEMANDES après 1♠ - 2♥

Sud	Nord
1♠	2♥
?	

❶
♠ RD1053
♥ AV
♦ 632
♣ ARD

❷
♠ DV1075
♥ D53
♦ AD
♣ RV9

❸
♠ RDV94
♥ AV102
♦ V5
♣ 73

❹
♠ RV982
♥ D3
♦ ARV
♣ RV10

❺
♠ ARD53
♥ RD4
♦ 62
♣ D72

❻
♠ ARDV92
♥ V73
♦ AV10
♣ 4

❼
♠ AR843
♥ RD632
♦ 754
♣ —

❶ **3♣** - et pas 3SA sans le moindre arrêt à Carreau.

❷ **2SA** - pour d'abord définir la force et la distribution (15-17 H réguliers). On fittera les Cœurs ultérieurement.

❸ **4♥** - exprime un bon soutien 4ème sans grande ambition de chelem, une concentration des honneurs à Pique - Cœur et une absence de contrôle mineur.

❹ **3SA** - 18-19 H réguliers avec un doubleton à Cœur et de solides arrêts mineurs.

❺ **3♥** - soutien encourageant, bien entendu forcing.

❻ **3♠** - afin d'insister sur la longueur et la qualité de la couleur d'ouverture.

❼ **4♣** - soutien-contrôle, surtout pour entendre le contrôle à Carreau.

TOP SECRET

	Sud	Nord
Dans la séquence :	**1♠**	**2♥**

un soutien de l'ouvreur à 4♥ est précis :
il montre un fit 4ème à Cœur
et dénie la possession de tout contrôle mineur.

REDEMANDES après 1♠ - 2♥

Sud	Nord
1♠	2♥
?	

❶
♠ A8753
♥ AV7
♦ A105
♣ 84

❷
♠ A10642
♥ D105
♦ ARV107
♣ —

❸
♠ AR1086
♥ V42
♦ R5
♣ V73

❹
♠ AV863
♥ AR2
♦ 76542
♣ —

❺
♠ RD10932
♥ R6432
♦ A
♣ 5

❻
♠ ADV986
♥ R43
♦ 72
♣ D5

❼
♠ ARD1052
♥ D643
♦ A73
♣ —

❶ **3♥** - forcing, ambigu et... faute de mieux avec cette ouverture correcte (3 As).

❷ **3♦** - avant de soutenir à Cœur. Ce qui importe avant tout, c'est d'indiquer le caractère bicolore de cette main.

❸ **2♠** - coup de frein. Si Nord dit 2SA, on fittera et on pourra alors s'arrêter à 3♥.

❹ **3♥** - fit préférable à l'annonce de la couleur fantôme à Carreau. De plus, 3♦ serait un bicolore cher.

❺ **4SA Blackwood** - si Nord détient 2 As, le petit chelem sera un bon pari et, s'il en a 3, ce sera le grand !

❻ **2♠** - mieux que 3♥ avec cette ouverture minimum; et puis, il vaudrait mieux jouer à Pique qu'à Cœur.

❼ **5SA* Joséphine**.- avec As Roi de Cœur, Nord annoncera 7♥.

TOP SECRET

	Sud	Nord
Après :	**1♠**	**2♥**

vraiment mini, même avec un fit 3ème,
répétez 2♠ avant de soutenir les Cœurs.

Ne fittez directement à 3♥
qu'avec une main convenable et un bon fit.

VOTRE PARTENAIRE A REPONDU 1SA
sur votre ouverture de 1♣ ou 1♦

❶

Sud	Nord
1♦	1SA
?	

♠ 4
♥ A 8 3 2
♦ R V 9 6
♣ R V 8 7

❷

Sud	Nord
1♦	1SA
?	

♠ A D 10 6
♥ R V 9 5
♦ A D 9 7
♣ 10

❸

Sud	Nord
1♣	1SA
?	

♠ A D 4 3
♥ 2
♦ R V 5
♣ D 9 6 3 2

❹

Sud	Nord
1♣	1SA
?	

♠ 7 6
♥ A 8
♦ R V
♣ A R 9 8 5 4 2

❺

Sud	Nord
1♣	1SA
?	

♠ R D V
♥ A D V
♦ 4
♣ R V 10 9 4 3

❻

Sud	Nord
1♣	1SA
?	

♠ A V 10 9 6
♥ —
♦ 8 5
♣ A R 10 9 8 3

❶ **2♣** - il ne faut pas passer sur 1SA. Puisque le répondant n'a pas de majeure 4ème, il est forcément fitté en mineure (la plupart du temps, il soutiendra à 3♣).

❷ **2SA** - pour indiquer 16-17 H et souvent un singleton à Trèfle (non-ouverture de 1SA).

❸ **2♣** - avec un peu de réticence en raison de la laideur de la couleur, mais Nord possède des mineures et tout au plus 3 Cœurs. Sur un éventuel réveil à 2♥, on proposera de jouer 2♠ à 7 atouts.

❹ **3SA** - un excellent pari : le partenaire devrait garder les Piques et on mise sur 7 plis à Trèfle (Nord y possède 3 ou 4 cartes).

❺ **3♣** - proposition de manche avec une couleur au moins 6ème qui a besoin d'un complément. En effet, si l'on avait une couleur très solide, on jumperait à 3SA (par exemple: ♠ Ax ♥ Rxx ♦ xx ♣ ARDVxx).

❻ **4♠** - sans équivoque possible un 6-5; on jouera la manche à Pique (si fit 3ème chez Nord) ou 5♣ à défaut.

TOP SECRET

Votre partenaire a répondu 1SA sur votre ouverture mineure et vous avez un singleton majeur :

attention, ne le laissez jamais jouer ce contrat, et ceci quelle que soit votre force.

VOTRE PARTENAIRE A REPONDU 1SA
sur votre ouverture de 1♥ ou 1♠

❶

Sud	Nord
1♥	1SA
?	

♠ 3
♥ R87652
♦ A74
♣ ARV

❷

Sud	Nord
1♥	1SA
?	

♠ AV72
♥ A6543
♦ DV2
♣ R

❸

Sud	Nord
1♥	1SA
?	

♠ AR108
♥ ARV95
♦ D10
♣ D3

❹

Sud	Nord
1♥	1SA
?	

♠ A964
♥ AR1095
♦ 3
♣ AV8

❺

Sud	Nord
1♠	1SA
?	

♠ RV10976
♥ RDV98
♦ A2
♣ —

❻

Sud	Nord
1♥	1SA
?	

♠ ARV2
♥ DV109765
♦ D10
♣ —

❶ **2♣** - puisque la main est trop belle pour se contenter de répéter 2♥ et que les Cœurs ne sont pas assez solides pour sauter à 3♥.

❷ **Passe** - Nord a les mineures et on n'a pas d'espoir de manche avec cette main pauvre en cartes intermédiaires.

❸ **3SA** - sans rien dévoiler aux adversaires. On ferait la même enchère avec cette main de 8 plis :

♠ AR ♥ ARDVxx ♦ xxx ♣ xx

❹ **2♣** - afin de laisser la séquence ouverte sans aller trop haut.

❺ **4♥** - il ne faut pas courir le risque d'enterrer la manche (on dirait 3♥ forcing de manche avec une main plus lourde en points : ♠ ARxxx ♥ ADVx ♦ Ax ♣ Vx).

❻ **4♥**, et pas 2♠, comme on le ferait avec : ♠ ARVx ♥ ARDxx ♦ xx ♣ xx pour prospecter la meilleure manche (ne perdons pas de vue que Nord a dénié 4 cartes à Pique).

TOP SECRET

	Sud	Nord
Après :	**1♥ /1♠**	**1SA**

avec 16-17 H et sans bonne redemande, vous disposez d'une "roue de secours" :

l'annonce d'une belle mineure 3ème en "bicolore économique".

REDEMANDES après 1♥ - 1♠

Sud	Nord
1♥	1♠
?	

❶
♠ D106
♥ ARV1074
♦ 5
♣ AV10

❷
♠ AR108
♥ AR1075
♦ 2
♣ 1097

❸
♠ A105
♥ ADV97
♦ A86
♣ 32

❹
♠ AR
♥ D107653
♦ 104
♣ AR9

❺
♠ V10
♥ ARV109
♦ R108
♣ AV9

❻
♠ D4
♥ R7632
♦ RV5
♣ AD2

❼
♠ ADV5
♥ ADV106
♦ A3
♣ 74

❽
♠ V642
♥ ADV10865
♦ —
♣ A3

❾
♠ AR105
♥ AV1076
♦ AD9
♣ 2

❶ **3♥** - seulement 15 H, mais la main est valorisée par le semi-fit à Pique.

❷ **3♠** - le saut est justifié par la concentration des honneurs et le singleton.

❸ **2♦** - la mineure 3ème la plus économique, car les 15 H sont somptueux.

❹ **2♣** - ce jeu est trop fort pour 2♥; cependant, la qualité des Cœurs est insuffisante pour 3♥, d'où le bicolore économique (et "élastique") à 2♣.

❺ **2SA** - saut indiquant 18-19 H dans un jeu régulier (ici, ces 17 H les valent bien).

❻ **1SA** - certes 15 H, mais ils sont éparpillés et cette main ne mérite pas d'effort particulier.

❼ **4♠** - distribution 5422 et 18-19 H.

❽ **4♥** - il vaut bien mieux jouer à Cœur qu'à Pique, car on est sûr de faire 6 plis à Cœur quand l'atout est Cœur; mais ce n'est pas garanti si l'atout est Pique.

❾ **3♦** - avant de soutenir à Pique (Nord se représentera alors la force de la main et visualisera la courte à Trèfle).

TOP SECRET

Chaque fois que votre couleur majeure est autonome, vous devez absolument l'imposer comme atout.

VOTRE PARTENAIRE A REPONDU 2SA

Sud	Nord
1♦	2SA
?	

❶
♠ A1053
♥ DV72
♦ RD64
♣ 2

❷
♠ 53
♥ AR6
♦ DV1052
♣ A94

❸
♠ 75
♥ 43
♦ RD10632
♣ RDV

❹
♠ 5
♥ 43
♦ ARV943
♣ AV109

❺
♠ A7
♥ 1092
♦ AR109875
♣ 6

❻
♠ AR102
♥ 4
♦ DV987
♣ V108

❼
♠ RD6
♥ —
♦ RV97543
♣ AV9

❽
♠ 4
♥ ADV10
♦ ARD103
♣ R76

❾
♠ AV1087
♥ 5
♦ AR10853
♣ 4

❶ **Passe** - Nord se charge des Trèfles.

❷ **3SA** - le répondant garde les Piques et on a un total de 25-26 points dans la ligne.

❸ **3♦** Stop absolu - en aucun cas, Nord n'a le droit de reparler.

❹ **3♣** forcing - l'élégance de cette main 6-4 à honneurs concentrés incite à jouer une manche.

❺ **5♦** - sans singleton, on aurait tenté 3SA.

❻ **3♦** arrêt - à cause du singleton à ♥ et de l'assurance de trouver 3 ou 4 cartes à ♦ en face.

❼ **4♦**- fixons la couleur d'atout en prévision d'un chelem.

❽ **3♥** naturel, avec l'espoir d'atteindre un excellent chelem à Carreau. Attention, un saut à 4SA serait quantitatif.

❾ **4♠** - la meilleure façon de décrire ce bicolore 5-6 à honneurs concentrés.

TOP SECRET

	Sud	Nord
La séquence ayant débuté :	**1♣ /1♦**	**2SA**

avec 11-12 H et une mineure 6ème
(même 5ème en cas de singleton majeur),
ne laissez surtout pas votre partenaire jouer 2SA,

stoppez les enchères en répétant votre couleur.

VOUS AVEZ OUVERT de 2♦ FORCING MANCHE

❶

2♦ — 2♥*
?

♠ RDV7
♥ A4
♦ ARDV
♣ RDV

*négatif

❷

2♦ — 2SA
?

♠ ADV8
♥ RD107
♦ AD5
♣ AD

❸

2♦ — 2♥
?

♠ RD98765
♥ AR
♦ ARV
♣ R

❹

2♦ — 3♣*
?

♠ —
♥ RDV9873
♦ ARD9
♣ R2

*As de ♣

❺

2♦ — 2♥
?

♠ AV2
♥ AD84
♦ ARDV6
♣ R

❻

2♦ — 2♥
?

♠ R2
♥ R10
♦ ARD10732
♣ AD

❼

2♦ — 2♠*
?

♠ RDV10965
♥ —
♦ RDV10
♣ AR

*1 As majeur

❽

2♦ — 2♥
?

♠ AD
♥ RDV96
♦ AR102
♣ AD

❶ **2SA** - la séquence se poursuivra comme sur l'ouverture de 2SA (Stayman, Texas).

❷ **3SA** - pour montrer une main régulière (séquence forcing). Prenez garde, 3♣ serait naturel (et pas un Stayman).

❸ **4♠** - un tel saut à la manche interdit au répondant de reparler, quelles que soient sa force et sa distribution (absence de 2 As). Une exception : une chicane avec des atouts.

❹ **6♥** - conclusion évidente (Nord doit passer).

❺ **2SA** - car l'annonce des Carreaux pourrait faire rater le fit 4-4 à Cœur. Sur 2SA, cela ne sera pas le cas.

❻ **3SA** - la manche la plus probable. L'entame apportera probablement la 9ème levée et il ne faut pas envisager un contrat de 5♦.

❼ **4♣*** - afin de connaître la couleur de l'As de Nord (sur 4♥ = l'As de Cœur, on dira 4♠ (Stop) / sur 4♠ = l'As de Pique, on sautera à 6♠).

❽ **2SA**, car le premier souci du possesseur de cette main doit être de protéger ses fourchettes. Malheureusement, les Cœurs ont déjà été nommés par la main faible.

TOP SECRET

Vous avez ouvert de 2♦ Forcing Manche :
vous connaissez le nombre d'As de votre camp.

Tout saut (à la manche ou au chelem) de votre part
est un STOP.

VOTRE PARTENAIRE A REPONDU 2♣

Sud	Nord
1♥	2♣
?	

1
♠ RV95
♥ ARV10973
♦ V2
♣ —

2
♠ AR7
♥ R106432
♦ A
♣ A53

3
♠ 64
♥ ARD95
♦ 3
♣ AV1072

4
♠ A432
♥ V7653
♦ ARV
♣ 4

5
♠ A
♥ RDV10932
♦ 4
♣ RV105

6
♠ R6
♥ RD10973
♦ D
♣ D754

7
♠ AD92
♥ 109643
♦ AD
♣ R5

8
♠ 432
♥ AD652
♦ A8
♣ AD3

❶ **4♥** - même si le répondant a 4 cartes à Pique, il faut jouer à l'atout Cœur. La chicane à Trèfle réduit les chances de chelem.

❷ **2♠** - pour montrer la force, une redemande à 3♥ étant impossible avec une couleur aussi creuse.

❸ **4♣** - soutien naturel espoir de chelem, puisque l'on dépasse 3SA.

❹ **2♦** - un mensonge judicieux, préférable à une répétition à 2♥ avec ces 5 vilaines cartes. La recherche de 3SA (avec un arrêt à Pique en Nord) sera facilitée.

❺ **4SA Blackwood** - afin de savoir à quel palier on jouera les... Cœurs.

❻ **2♥** - ce n'est pas le moment de fitter les Trèfles. Il faut ralentir la séquence en insistant sur les Cœurs.

❼ **2SA** - la meilleure anticipation pour protéger les fourchettes. On manque de force et d'honneurs dans les majeures pour déclarer 2♠, bicolore cher.

❽ **3♣** - et pas 2SA avec 3 petits Piques. Quand il n'est que 3ème, ce soutien forcing et ambigu émane toujours d'une bonne ouverture.

TOP SECRET

	Sud	**Nord**
Après le début :	**1♥/1♠**	**2♣/ 2♦**

ne soutenez pas la mineure du répondant avec une main trop banale, car votre camp risque d'aller trop haut.

VOTRE PARTENAIRE A REPONDU 2♦

Sud	Nord
1♠	2♦
?	

❶
♠ AR843
♥ D52
♦ 3
♣ RD106

❷
♠ ARD102
♥ 4
♦ 10653
♣ D64

❸
♠ AV1093
♥ AD10
♦ V8
♣ RD10

❹
♠ AV8432
♥ AR
♦ R4
♣ V52

❺
♠ AR1076
♥ 52
♦ AD1083
♣ 4

❻
♠ ADV95
♥ ADV107
♦ V3
♣ 4

❼
♠ DV1052
♥ RD10
♦ V9
♣ AV10

❽
♠ ARD32
♥ A654
♦ D7
♣ R2

❶ **2♠** contraint et forcé, car 3♣ équivaudrait à un bicolore cher, il est vrai un peu atténué en force (à partir de 15 beaux points).

❷ **2♠** - pour éviter que la séquence ne s'emballe et insister sur la qualité des Piques. Un soutien à 3♦ avec 11 H et 4 petits atouts serait trop encourageant.

❸ **3SA** - bien que ne comportant que 17 H, cette main en vaut largement 18-19.

❹ **2♠** - la couleur, quoique 6ème, n'est pas suffisamment belle pour une répétition à saut et de toute façon, le répondant s'est engagé à reparler.

❺ **4♦** naturel ou **4♣** "soutien-contrôle" (avec votre partenaire habituel), afin d'exprimer un espoir de chelem.

❻ **3♥** - ce saut décrit un bicolore majeur 5-5 intéressant composé de deux belles couleurs, mais pas nécessairement très fort en points H.

❼ **2SA** (zone 15-17) - les 14 H de ce jeu doivent être estimés à leur juste valeur.

❽ **2♥** - sans saut en dépit des 18 H, puisque l'on a un bicolore 5-4. La réponse de 2♦ étant auto-forcing, on aura à nouveau la parole au tour suivant.

TOP SECRET

Les 10 et les 9 qui accompagnent des honneurs apportent des levées en plus.

Dès que vous en possédez plusieurs, ajoutez-vous un point et faites passer votre main dans la zone supérieure.

VOTRE PARTENAIRE A REPONDU 2♦

Sud	Nord
1♠	2♦
?	

❶
♠ AD9432
♥ 5
♦ A6
♣ AD105

❷
♠ R10654
♥ AD
♦ V732
♣ AD

❸
♠ AR532
♥ 7
♦ ARV
♣ V432

❹
♠ DV653
♥ R432
♦ AV105
♣ —

❺
♠ ADV9765
♥ 643
♦ —
♣ A72

❻
♠ ARV10854
♥ A72
♦ R6
♣ 3

❼
♠ AD532
♥ ARD
♦ R4
♣ 843

❶ **3♣** bicolore cher, de préférence à 3♠ (la couleur 6ème est un peu creuse).

❷ **2SA** - dans le dessein de protéger les fourchettes As Dame et de bien zoner la main. Le cas échéant, on indiquera ultérieurement le (mauvais) fit à Carreau.

❸ **3♦** - soutien forcing, meilleure enchère qu'un bicolore cher à 3♣ avec une couleur aussi laide.

❹ **2♥** - un soutien à 3♦ dénierait formellement les Cœurs et interdirait la découverte de la meilleure couleur d'atout (fit 4-4 à Cœur).

❺ **4♠** - la chicane à Carreau diminue considérablement la force de cette main.

❻ **3♠** - enchère plus encourageante qu'un jump à 4♠.

❼ **2♥** - attention : ce mensonge en majeure doit vraiment conserver un caractère exceptionnel, mais il n'est pas recommandé d'occuper le terrain des Sans-Atout avec trois petits Trèfles.

TOP SECRET

Seule une couleur extrêmement solide (pas plus d'une perdante) peut être répétée à saut.

Avec un peu plus de points, la main aurait été ouverte d'un 2 Fort ou d'un 2♣ Fort Indéterminé.

VOTRE PARTENAIRE A REPONDU 1♦

Sud	Nord
1♣	1♦
?	

❶
♠ 9432
♥ AR5
♦ R92
♣ DV8

❷
♠ RV6
♥ A3
♦ V742
♣ RD109

❸
♠ A7
♥ 64
♦ R1065
♣ RDV98

❹
♠ 2
♥ A104
♦ RV93
♣ ARV108

❺
♠ —
♥ V532
♦ R1064
♣ ARDV10

❻
♠ AR9
♥ 4
♦ RV108
♣ ARV107

❼
♠ D2
♥ —
♦ DV1063
♣ ARD1095

❽
♠ D43
♥ —
♦ V1095
♣ ADV962

❶ **1♠** - en dépit de l'emplacement des honneurs et de la distribution 4333, Nord pouvant détenir :

♠ RDV10 ♥ 942 ♦ ADV74 ♣ 3

4♠ gagne avec une de mieux, tandis que 3SA chute.

❷ **1SA** - cette main est régulière et, si l'on a ouvert de 1♣, et pas de 1♦, c'est pour des raisons d'entame.

❸ **2♦** - décrit un bicolore mineur 4-5 ou 4-6 de force minimum.

❹ **3♦** - idem, mais avec une main plus forte.

❺ **1♥** - recherche de fit majeur oblige.

❻ **2♠** - bicolore à saut forcing de manche, puis fit à Carreau. On a trop de jeu pour soutenir directement à 3♦.

❼ **4♦** - descriptif d'un bicolore 6-5, puisque l'on dépasse délibérément 3SA.

❽ **2♦** - préférable à 2♣, car, en soutenant les Carreaux, on donne une bien meilleure idée de la main (l'annonce de deux couleurs montre 9 cartes, alors que la répétition des Trèfles n'en dévoilerait que 6).

TOP SECRET

	Sud	**Nord**
Après un départ :	**1♣**	**1♦**

soutenir à Carreau
montre obligatoirement un bicolore mineur
au moins 5-4, sans majeure 4ème évidemment.

VOTRE PARTENAIRE VOUS A SOUTENU à 3♣

Sud	Nord
1♣	3♣
?	

❶
♠ RD52
♥ R1063
♦ V10
♣ A104

❷
♠ 42
♥ A1097
♦ AV9
♣ RV85

❸
♠ 3
♥ R9
♦ AV97
♣ AV10543

❹
♠ D975
♥ A10
♦ AD10
♣ D1092

❺
♠ RDV95
♥ A
♦ 2
♣ AV9763

❻
♠ RD42
♥ 72
♦ RDV
♣ R753

❼
♠ AV9
♥ AD109
♦ 42
♣ R1075

❶ **Passe** - seulement 3 cartes à Trèfle, force minimum, teneurs fragiles ailleurs, un seul As : rien n'incite à reparler.

❷ **3♦** - contrôle d'honneur le plus économique qui permettra, si Nord montre sa garde à Pique, de jouer 3SA.

❸ **5♣** - "le juste milieu". Envisager 6♣ serait trop optimiste et une proposition à 4♣ serait insuffisante.

❹ **3SA** - au nom des beaux arrêts partout et du bon fit à Trèfle.

❺ **4SA Blackwood** - un saut à 4♠ non forcing décrirait un 6-5 moins beau.

❻ **Passe** - certes 14 H, mais on manque de levées rapides.

❼ **3SA** - pour ne pas mettre la puce à l'oreille de l'entameur, 3SA promettant des tenues majeures. Tant pis pour les ♦ !

TOP SECRET

	Sud	Nord
Après :	**1♣**	**3♣**

	Sud	Nord
ou :	**1♦**	**3♦**

avec une main régulière de 13-14 H,
vous ne pouvez espérer gagner la manche à 3SA
qu'à la condition de détenir plusieurs As.

VOUS AVEZ OUVERT de 3 en MINEURE

❶

Sud	Nord
3♣	3♦
?	

♠ 32
♥ 65
♦ R4
♣ AD108652

❷

Sud	Nord
3♣	3♦
?	

♠ 2
♥ D106
♦ 75
♣ ADV10974

❸

Sud	Nord
3♦	3♥
?	

♠ 84
♥ R95
♦ AD109876
♣ 5

❹

Sud	Nord
3♣	3♠
?	

♠ 7
♥ 1085
♦ R3
♣ RDV10542

❺

Sud	Nord
3♣	3♦
?	

♠ 62
♥ 4
♦ R83
♣ AD109765

❻

Sud	Nord
3♣	4♠
?	

♠ —
♥ 732
♦ 854
♣ ARV10963

❶ **4♦** - dans ces conditions, un gros honneur second est un soutien tout à fait digne d'être mentionné.

❷ **3♥** - force à Cœur, afin que Nord puisse déclarer 3SA avec par exemple : ♠ RV10 ♥ Vx ♦ AR109xx ♣ Rx.

❸ **4♣** - soutien-contrôle. La main est devenue superbe (Rxx à Cœur, singleton, longue facilement affranchissable); un fit direct à 4♥ serait à la fois moins précis et moins encourageant.

❹ **3SA** ! (et pas 4♣) - il faut nommer ce contrat même sans garde à Cœur, car aller au-delà serait irréversible.

❺ **4♥** - indique forcément un contrôle de courte (chicane ou singleton) à Cœur et un fit à Carreau. Un soutien naturel à 4♦ serait beaucoup moins judicieux, car à l'évidence, il ne permettrait de révéler le contrôle à Cœur qu'au palier de 5.

❻ **Passe** - sans excès d'enthousiasme, mais avec son saut à une manche majeure, Nord a mis fin à la séquence.

TOP SECRET

**Après avoir ouvert de 3 en mineure,
vous devez considérer la couleur de votre partenaire comme 6ème.**

**Si vous n'êtes pas en mesure de la soutenir,
évitez à tout prix de dépasser le contrat de 3SA.**

VOUS AVEZ OUVERT de 3 en MAJEURE

1

Sud	Nord
3♥	3♠
?	

♠ D7
♥ AD109653
♦ 75
♣ 102

2

Sud	Nord
3♥	3SA
?	

♠ 2
♥ RDV8654
♦ D432
♣ 5

3

Sud	Nord
3♠	4SA
?	

♠ AV109543
♥ 632
♦ D6
♣ 4

4

Sud	Nord
3♠	4♣
?	

♠ RD107532
♥ 54
♦ 2
♣ D42

5

Sud	Nord
3♠	3SA
?	

♠ RV98763
♥ R42
♦ 432
♣ —

6

Sud	Nord
3♠	4♥
?	

♠ AV108764
♥ 2
♦ V106
♣ 53

❶ **4♠**, l'enchère de Nord est 100% forcing et provient de 6 cartes (ou 5 belles). La Dame de Pique seconde constitue donc un soutien suffisant.

❷ **Passe** - strictement rien à déclarer... et surtout pas 4♥, comme le font trop de joueurs indisciplinés.

❸ **5♦** = 1 As (réponse au 4SA Blackwood du partenaire).

❹ **4♦** contrôle - 4♣ vient sans doute d'un fit à Pique en vue d'un chelem à ♠, plutôt que d'une longue à ♣.

❺ **Passe** - même avec une chicane, car votre partenaire a peut-être 9 plis directs grâce à une mineure maîtresse.

❻ **Passe** - contrairement à 4♣ ou 4♦ "contrôles", l'enchère de 4♥ est naturelle et non forcing.

TOP SECRET

**Après votre ouverture de barrage en majeure,
ne retirez sous aucun prétexte
le 3SA de votre partenaire.**

**Dites-vous
qu'il sait parfaitement ce qu'il fait.**

VOUS AVEZ ETE SOUTENU à 3♥

Sud	Nord
1♥	3♥
?	

❶
♠ A93
♥ DV754
♦ R7
♣ DV8

❷
♠ D108
♥ D107632
♦ R4
♣ A5

❸
♠ D64
♥ A9543
♦ RDV
♣ D6

❹
♠ A107
♥ R10854
♦ AV43
♣ 2

❺
♠ AR107
♥ AV10865
♦ A
♣ 43

❻
♠ AV6
♥ RDV109
♦ AR4
♣ V7

❼
♠ AR4
♥ V8654
♦ —
♣ ARD103

❽
♠ —
♥ R98632
♦ AD
♣ ARD75

❾
♠ A1084
♥ D10765
♦ A1075
♣ —

❶ **Passe** - sans état d'âme, car avec 13 H éparpillés et une distribution 5332, la manche est toujours un pari perdant.

❷ **4♥** - enchère systématique avec une couleur au moins 6ème.

❸ **Passe** - 14 H, mais les deux Dames noires isolées sont des valeurs douteuses.

❹ **4♥** - annonce automatique avec un singleton, même si l'on n'a que 12 H.

❺ **3♠** "enchère-déclic" - avec un contrôle à Trèfle, Nord va déclarer 4♣ et l'on ira au chelem.

❻ **4♥** - en dépit des 19 H, ce jeu est beaucoup trop régulier pour pouvoir espérer atteindre un bon chelem.

❼ **5♥** - interrogative à la qualité de la couleur d'atout (espoir de petit chelem).

❽ **5SA* Joséphine** - enchère de grand chelem qui interroge aux gros honneurs d'atout (s'il a As Dame, Nord jumpera à 7♥).

❾ **4♥** - à elle seule, la chicane suffit pour que l'on demande la manche, et ceci quelle que soit la faiblesse de la main en points H.

TOP SECRET

Après un soutien du répondant à 3♥ ou 3♠, même si votre main est faible (10-11 H), demandez automatiquement la manche avec :

- **une couleur 6ème**
- **ou une courte (singleton ou chicane).**

VOTRE PARTENAIRE VOUS A SOUTENU à 4♥

Sud	Nord
1♥	4♥
?	

❶
♠ AD8
♥ AD742
♦ RV5
♣ R3

❷
♠ RD107
♥ AV8654
♦ AR
♣ 3

❸
♠ ARV62
♥ AD9743
♦ —
♣ 85

❹
♠ 532
♥ ARV87
♦ RD109
♣ A

❺
♠ AR54
♥ V10863
♦ A
♣ AR2

❻
♠ AD2
♥ DV543
♦ —
♣ ARD76

❼
♠ AR
♥ AD1064
♦ 2
♣ AV542

❽
♠ 32
♥ ARV854
♦ AD762
♣ —

❶ **Passe** - la main est trop régulière pour que l'on reparle sur 4♥.

❷ **4SA Blackwood** - seul problème ici : le nombre d'As de Nord. S'il en manque 2, on ne sera pas en danger au niveau de 5.

❸ **4♠** - dans l'attente d'un contrôle à Trèfle, déterminant pour le chelem.

❹ **Passe** - avec 3 petits Piques, il est trop risqué d'atteindre le niveau de 5.

❺ **5♥** - question à l'atout (ambitions limitées au petit chelem).

❻ **5SA* Joséphine** - pour jouer 7♥ (si Nord a 2 gros honneurs à Cœur) ou 6♥ (s'il n'en possède qu'un).

❼ **4♠** - on a besoin d'un complément à Trèfle, donc d'entendre le contrôle à 5♣.

❽ **5♣** - qui montre clairement l'absence de contrôle à Pique.

TOP SECRET

	Sud	Nord
Après :	**1♥**	**4♥**

	Sud	Nord
ou :	**1♠**	**4♠**

ne faites pas de tentative de chelem avec 19 H réguliers, passez !

**Les autres reparleront
et la plupart du temps... ils chuteront.**

APRES UN CHANGEMENT DE COULEUR A SAUT

❶

Sud	Nord
1♥	2♠
?	

♠ D72
♥ R10873
♦ AD10
♣ V4

❷

Sud	Nord
1♣	2♦
?	

♠ R762
♥ AD86
♦ 94
♣ DV7

❸

Sud	Nord
1♦	2♥
?	

♠ ARV8
♥ 42
♦ AD108
♣ 763

❹

Sud	Nord
1♦	2♥
?	

♠ V642
♥ 5
♦ ARV963
♣ R7

❺

Sud	Nord
1♠	3♣
?	

♠ R10642
♥ 7653
♦ ARV
♣ 8

❻

Sud	Nord
1♥	2♠
?	

♠ R974
♥ ADV84
♦ D2
♣ 75

❶ **3♠** - soutien simple, prioritaire avec la Dame de Pique.

❷ **2SA** - puisque le saut à 2♦ a dénié une majeure 4ème et que l'on possède des arrêts partout.

❸ **2♠** - la déclaration des Piques n'a rien à voir avec un bicolore cher, elle s'apparente simplement à une redemande au palier de un : 1♦ 1♥
1♠

❹ **3♦** - et surtout pas **2♠**, car les Piques sont trop laids et il est impossible que Nord y détienne 4 cartes.

❺ **3♦** - afin de permettre au répondant de déclarer 3SA, s'il arrête les Cœurs.

❻ **4♠** - bon soutien sans contrôle mineur (donc concentration d'honneurs ♥ - ♠ dans une ouverture minimum).

TOP SECRET

En face d'un changement de couleur à saut de votre partenaire, n'annoncez jamais de couleur creuse, révélez l'emplacement de vos honneurs.

APRES UN CHANGEMENT DE COULEUR A SAUT

❶

Sud	Nord
1♦	2♥
?	

♠ D983
♥ 76
♦ RV84
♣ AD5

❷

Sud	Nord
1♣	2♦
?	

♠ 753
♥ A6
♦ 4
♣ ARD10863

❸

Sud	Nord
1♥	2♠
?	

♠ 62
♥ ARDV5
♦ V32
♣ V84

❹

Sud	Nord
1♥	2♠
?	

♠ 542
♥ RV853
♦ RDV
♣ DV

❺

Sud	Nord
1♠	3♣
?	

♠ A9753
♥ ARV
♦ 752
♣ 84

❻

Sud	Nord
1♦	2♥
?	

♠ A102
♥ R9
♦ A1082
♣ R975

❶ **2SA** - à cause des honneurs dispersés et de la distribution régulière.

❷ **4♣** - ce saut explique clairement que la couleur d'ouverture est longue et maîtresse.

❸ **3♥** - bien que l'on n'ait pas 6 cartes, mais une redemande à 2SA promettrait des arrêts dans les mineures.

❹ **2SA** - pour indiquer une main minimum et régulière. On soutiendra les Piques au tour suivant et Nord comprendra.

❺ **3♥** - sans aucune crainte que le partenaire soutienne à 4♥, puisque son jeu est unicolore.

❻ **3♥** - un gros honneur doubleton dans la couleur du saut vaut de l'or (même s'il était sec, on aurait envie de la soutenir avec une main aussi riche en contrôles !).

TOP SECRET

Après un changement de couleur à saut,

dites 2SA
pour donner un coup de frein
(main plate, honneurs dispersés ou mauvais fit).

LA REDEMANDE DES MAINS 4441

❶

Sud	Nord
1♣	1♥
?	

♠ ARV6
♥ V962
♦ 4
♣ AV107

❷

Sud	Nord
1♦	1♠
?	

♠ R
♥ RD102
♦ ADV8
♣ R1095

❸

Sud	Nord
1♣	1♠
?	

♠ AV87
♥ AR75
♦ 6
♣ AR109

❹

Sud	Nord
1♦	1♠
?	

♠ D
♥ DV95
♦ AV92
♣ RV74

❺

Sud	Nord
1♦	1♥
?	

♠ 6
♥ DV73
♦ AR75
♣ ARD4

❻

Sud	Nord
1♦	1♠
?	

♠ 2
♥ 7543
♦ AD109
♣ AD98

❶ **3♥** - n'annoncez surtout pas 1♠, redemande non forcing qui dénierait formellement un fit 4ème à Cœur.

❷ **2SA** - traitez cette main comme régulière (Roi sec à Pique et fourchettes) et pas comme un bicolore.

❸ **2♥** - bicolore cher (forcing un tour) dans un premier temps, puis soutien des Piques. La courte à Carreau sera facile à déduire.

❹ **1SA** - enchère à caractère exceptionnel avec un singleton. Il faut que, comme ici, ce soit un honneur et que les trois autres couleurs soient bien gardées.

Si Nord a 5 Piques et 4 Cœurs, la découverte du fit à ♥ sera plus aisée que sur une redemande à 2♣.

❺ **3♣** - bicolore à saut forcing de manche, suivi du soutien à Cœur; ainsi le partenaire sera-t-il tout de suite informé de la force de la main et au tour suivant du singleton à Pique.

❻ **2♣** - cette fois, développez les enchères comme vous le feriez avec un bicolore (honneurs concentrés dans les 2 mineures).

TOP SECRET

	Sud	Nord
La séquence ayant débuté :	**1♣/1♦**	**1♥/1♠**

avec les mains 4441 de 18-19 H et le fit, vous êtes trop fort pour soutenir directement,

alors, effectuez une redemande forcing : bicolore cher ou à saut.

LA REDEMANDE DES MAINS 4441

❶

Sud	Nord
1♦	1SA
?	

♠ A 4 3 2
♥ 8
♦ A R D 9
♣ R D 10 9

❷

Sud	Nord
1♦	1SA
?	

♠ 2
♥ 9 4 3 2
♦ A R V 10
♣ A 9 3 2

❸

Sud	Nord
1♦	1SA
?	

♠ A 10 5 4
♥ A D 9 6
♦ R D V 10
♣ 7

❹

Sud	Nord
1♦	2♣
?	

♠ D 10 6 3
♥ R D V 7
♦ R V 9 2
♣ 6

❺

Sud	Nord
1♦	2♣
?	

♠ A D 8 7
♥ A V 9 3
♦ A D 10 2
♣ D

❻

Sud	Nord
2♦ *	2♥
?	

♠ A D 7 5
♥ 10
♦ A R D 8
♣ A R D 6

* F.M.

❶ **3♣** - bicolore à saut forcing de manche (avec l'assurance d'un fit mineur en Nord-Sud) de préférence à 2♠, car Nord a dénié la possession de 4 cartes à Pique.

❷ **2♣** - la réponse de 1SA vous assure de l'existence d'un fit mineur dans votre axe. Partez à sa recherche d'autant plus volontiers que vous craignez les Piques.

❸ **2SA** - pour annoncer une force de 16-17 H dans une main non régulière (non-ouverture de 1SA) comportant souvent une courte à Trèfle.

❹ **2SA** - si un fit majeur existe, cette redemande facilitera sa découverte. Ceux qui répètent les Carreaux 4èmes risquent d'entraîner leur camp dans une série de dangereuses acrobaties.

❺ **2SA** "mini-maxi" (soit 12-15, soit 18-19) - afin de se laisser de l'espace pour la découverte d'un éventuel fit majeur.

Jouez donc :	1♦	2♣
	3SA	18-19 H sans majeure 4ème.

❻ **2SA** - en dépit du singleton. Ensuite, pour ne pas aboutir à un contrat à Cœur, refusez délibérément de rectifier le Texas de Nord (dans cette situation, sur 3♦ Texas, 3SA montre un singleton à Cœur).

TOP SECRET

Lorsque vous avez une main 4441
et que votre partenaire répond 1♠ dans votre singleton,
choisissez le plus "petit" mensonge :

- **Sans-Atout avec des honneurs éparpillés,**
- **bicolores dans les autres cas.**

LA REDEMANDE DES BICOLORES 6-4

❶

Sud	Nord
1♠	1SA
?	

♠ ARV965
♥ 10432
♦ R4
♣ 3

❷

Sud	Nord
1♠	1SA
?	

♠ ADV972
♥ 2
♦ ADV9
♣ V4

❸

Sud	Nord
1♦	1♠
?	

♠ AD
♥ V1032
♦ ARD1097
♣ 10

❹

Sud	Nord
1♠	1SA
?	

♠ RDV1097
♥ —
♦ RDV10
♣ RV10

❺

Sud	Nord
1♠	1SA
?	

♠ AR10754
♥ 6
♦ ARV2
♣ R5

❶ **2♥** - car il est interdit à l'ouvreur de 1♠ de ne pas mentionner ses 4 cartes à Cœur, même si celles-ci sont microscopiques.

❷ **2♦** - en possession d'une bonne ouverture et d'une mineure 4ème convenable, il faut annoncer le bicolore, afin de pouvoir ensuite proposer la manche à 3♠ (6 cartes) sur une préférence à 2♠, tout en permettant au répondant de revaloriser un éventuel Roi de Carreau.

❸ **2♥** - même si les Cœurs sont laids et les Carreaux magnifiques, car un saut à 3♦ dénierait formellement la présence de 4 cartes à Cœur.

❹ **4♠** - il faudrait trouver des cartes-miracle (les 2 As mineurs) en face pour qu'un chelem soit jouable. Alors, jumpez au contrat que vous avez envie de jouer, d'autant plus que l'absence d'intervention adverse à ♥ peut faire craindre la présence de points perdus à Cœur en Nord.

❺ **3♦** Forcing de Manche, un chelem à Carreau n'étant pas exclu (♦ D10xxx et un As chez le partenaire + affranchissement des Piques = 12 plis).

TOP SECRET

	Sud	Nord
Après :	**1♣/1♦**	**1♠**

la répétition à saut à 3♣ ou 3♦ destinée à montrer 6 belles cartes et un jeu fort dénie formellement la présence de 4 cartes à Cœur.

LA REDEMANDE DES BICOLORES 6-4

❶

Sud	Nord
1♥	1SA
?	

♠ AV108
♥ ADV1087
♦ R4
♣ 3

❷

Sud	Nord
1♦	1SA
?	

♠ R4
♥ V
♦ ARV1096
♣ V432

❸

Sud	Nord
1♠	1SA
?	

♠ RV10965
♥ R8
♦ D932
♣ A

❹

Sud	Nord
1♦	1♠
?	

♠ 2
♥ A10
♦ AV10975
♣ RV96

❺

Sud	Nord
1♣	1♠
?	

♠ V108
♥ AD109
♦ —
♣ AR10976

❶ **3♥** - l'existence d'un fit à Pique étant écartée, il importe de ne pas renseigner inutilement le camp adverse (en match par quatre, un saut à 4♥ serait même envisageable).

❷ **2♦** - puis le cas échéant 3♣, afin de montrer clairement 6 beaux Carreaux et 4 Trèfles de qualité médiocre sur un probable réveil adverse en majeure.

❸ **2♠** - sans espoir de manche, il est préférable de répéter une majeure 6ème solide plutôt que d'annoncer une vilaine mineure 4ème.

❹ **2♣** - la réponse de 1♠ étant illimitée, il n'y a aucune raison pour que l'ouvreur répète ses Carreaux (il n'en promettrait même pas 6) et ne décrive pas son bicolore.

❺ **2♥** - de prime abord, seulement 14 pts H, mais en raison du semi-fit à Pique, des intermédiaires et de la concentration des honneurs dans les deux longues, la main vaut incontestablement 17 points et justifie un bicolore cher.

TOP SECRET

Avec un bicolore 6-4
et une ouverture minimum,

abstenez-vous
d'annoncer une mauvaise mineure 4ème.

VOTRE PARTENAIRE A PASSE

❶

	passe
1♠	2♥
?	

♠ R 10 4 3 2
♥ 6 3
♦ R 5
♣ A D 10 4

❷

	passe
1♣	1♠
?	

♠ R 9 2
♥ D 10 9 7
♦ 4
♣ A D 9 5 3

❸

	passe
1♠	2♦
?	

♠ A R 7 6 4
♥ 8 3 2
♦ D 4
♣ A R 9

❹

	passe
1♥	2♦
?	

♠ R V 9
♥ V 10 8 5 4
♦ R 7 2
♣ A D

❺

	passe
1♦	2♣
?	

♠ 5
♥ V 7 4 3
♦ A R 6 3 2
♣ R V 8

❻

	passe
1♦	1♥
?	

♠ D 6 5 3
♥ R 9 3 2
♦ R D 10
♣ D 4

❼

	passe
1♠	2♦
?	

♠ A R 6 4 2
♥ A 10 7
♦ 3
♣ D 5 3 2

❽

	passe
1♦	2♣
?	

♠ 5
♥ A 8 2
♦ A R 7 5 4
♣ R V 10 3

❶ **Passe** - la sagesse...

❷ **Passe** - on joue à coup sûr en fit au moins 7ème, alors qu'une répétition des Trèfles pourrait tomber en face d'un singleton.

❸ **3♣** forcing - pour permettre au répondant de déclarer 3SA avec un arrêt à Cœur.

❹ **3SA** - un excellent pari, quand on sait que Nord aura souvent 6 Carreaux et une dizaine de pts H. Avec chez lui : ♠ Dxx ♥ x ♦ ADVxxx ♣ xxx, le tour est joué !

❺ **3♣** - enchère "anti-réveil", ce soutien non forcing fait ici office de barrage contre les Piques adverses.

❻ **Passe** - 12 H affreux. Soutenir à 2♥ risque de provoquer en Nord une proposition de manche ou même un saut à 4♥.

❼ **Passe** - l'enchère gagnante, car il faut redoubler de prudence en cas de misfit et puis, ici, c'est la couleur (probablement 6ème) du partenaire qui doit devenir l'atout.

❽ **2♥** redemande forcing, suivie du fit à Trèfle. Un soutien immédiat à Trèfle au niveau de 3 serait tout à fait insuffisant (un petit chelem à ♣ n'est pas exclu).

TOP SECRET

Attention, pour prévenir votre partenaire que votre ouverture en 3ème position est faible,

passez sur sa réponse de 1♥ ou 1♠ avec 3 ou 4 cartes.

Sinon, vous risquez de vous retrouver trop haut.

VOTRE PARTENAIRE A PASSE

❶

	passe
1♠	2♥
?	

♠ D95432
♥ V6
♦ AR7
♣ D3

❷

	passe
1♦	2♥*
?	

♠ R1065
♥ 43
♦ AD952
♣ A7

❸

	passe
1♠	2♥
?	

♠ A8432
♥ D105
♦ ADV9
♣ 3

❹

	passe
1♠	3♥*
?	

♠ ARV632
♥ R4
♦ 72
♣ A105

❺

	passe
1♦	2♣
?	

♠ AD
♥ R104
♦ 109643
♣ AV7

❻

	passe
1♠	2♦
?	

♠ AR8642
♥ RD
♦ RV95
♣ 3

❼

	passe
1♣	2♠*
?	

♠ R3
♥ 92
♦ A76
♣ AD10843

❽

	passe
1♠	2♥
?	

♠ RD1063
♥ D532
♦ R4
♣ V2

❶ **Passe** - même avec 6 cartes, il ne faut pas dire 2♠. Nord sera souvent singleton à Pique avec 5 beaux Cœurs.

❷ **3♦** Stop - on n'est pas assez fort pour envisager une manche en face d'un partenaire dont le saut après passe a décrit 5♥ + 4♦ et environ 10 H.

❸ **4♥** - attention à ne pas prendre le risque d'enterrer la manche (en face d'un partenaire qui a passé au préalable, 3♥ serait une proposition, donc non forcing).

❹ **4♣** - contrôle à Trèfle, avec l'espoir d'entendre 4♦ pour déclarer le chelem à Pique, s'il ne manque pas 2 As.

❺ **3SA** - au nom des beaux arrêts majeurs et du complément d'honneurs dans la couleur (souvent 6ème) du répondant.

❻ **4SA** - si Nord a 2 As, on lui fera jouer 6♦. Les Piques s'affranchiront aisément (il y en a moins de 3 en face).

❼ **5♣** - le contrat que l'on a envie de jouer avec ce doubleton à Cœur.

❽ **Passe** - trop de petits honneurs pour produire un effort de manche, il faut se contenter de marquer dans sa colonne.

TOP SECRET

Le saut du répondant après passe promet une dizaine de points, une couleur 5ème et le fit.

Le plus souvent possible, concluez.

Toutefois, pour prospecter, utilisez une nouvelle couleur (forcing).

LES ENCHERES de 3ème TOUR

VOUS AVEZ REDEMANDE 1SA

❶

Sud	Nord
1♣	1♠
1SA	2SA
?	

♠ V10
♥ AV10
♦ R109
♣ DV1082

❷

Sud	Nord
1♥	1♠
1SA	3♣
?	

♠ V5
♥ AD1094
♦ 863
♣ AV6

❸

Sud	Nord
1♦	1♥
1SA	4SA
?	

♠ A75
♥ R6
♦ RV1065
♣ DV9

❹

Sud	Nord
1♦	1♥
1SA	2♠
?	

♠ RD9
♥ D4
♦ ADV10
♣ 10762

❺

Sud	Nord
1♥	1♠
1SA	2♥
?	

♠ D7
♥ AV1087
♦ A104
♣ R102

❻

Sud	Nord
1♥	1♠
1SA	2♦
?	

♠ R96
♥ RV1087
♦ V4
♣ AV5

❶ **3SA** - sans hésiter. Grâce au grand nombre d'intermédiaires et à la mineure 5ème, ces 12 points en valent bien 14.

❷ **3♥** - insiste sur la qualité des Cœurs et montre indirectement un problème à Carreau.

❸ **6♦** - comme vous le savez, 4SA, qui montre environ 19 points réguliers, est quantitatif. Avec ce jeu maximum, il faut proposer 6♦, pour le cas où Nord aurait 3 ou 4 cartes à Carreau et un doubleton annexe.

❹ **3♠** - plus précis que 2SA avec des points à Pique et aucun à Trèfle (la redemande à 1SA a dénié 4 Piques).

❺ **4♥** - Nord possède un soutien maximum à Cœur avec 4 ou 5 cartes à Pique (il est plus fort que s'il avait fitté directement à 2♥ au 1er tour).

❻ **Passe** (!) - c'est bizarre, mais il ne faut pas revenir à 2♠, car, dans cette séquence dite "Canapé", le partenaire a 4 Piques et 6 Carreaux dans une main faible.

TOP SECRET

Vous avez redemandé 1SA.

Sur un 4SA quantitatif de votre partenaire, vous devez sauter à 6♣ ou 6♦ avec 13-14 H pour proposer de jouer le chelem dans votre mineure 5ème.

Le répondant pourra toujours revenir à 6SA.

VOUS AVEZ REDEMANDE 1SA

❶

Sud	Nord
1♦	1♥
1SA	2♥
?	

♠ A9
♥ R73
♦ DV864
♣ R75

❷

Sud	Nord
1♦	1♥
1SA	2♦
?	

♠ AV5
♥ AR4
♦ D732
♣ 653

❸

Sud	Nord
1♦	1♠
1SA	4SA
?	

♠ A54
♥ DV32
♦ D643
♣ RV

❹

Sud	Nord
1♦	1♠
1SA	2♥
?	

♠ R6
♥ V72
♦ ADV5
♣ D963

❺

Sud	Nord
1♦	1♠
1SA	3♣
?	

♠ R4
♥ RD104
♦ 9742
♣ A65

❻

Sud	Nord
1♦	1♠
1SA	2♥
?	

♠ 64
♥ A109
♦ A752
♣ A432

❶ **Passe** - sans craindre "d'empailler" la manche, puisque 2♥ est une "misère" faite avec moins de 10 pts H.

❷ **Passe** - Nord ne vous demande pas votre avis. Alors, ne prenez pas l'initiative de revenir à 2♥.

❸ **Passe** - 4SA n'est pas un Blackwood, mais une proposition quantitative de chelem qu'avec vos 13 points tout à fait quelconques vous devez décliner.

❹ **2♠** - en face d'un 5-4 majeur faible, revenez à Pique avec un honneur doubleton.

❺ **3♥** - meilleur que 3SA, pour prévenir du danger à Carreau.

❻ **Passe** - avec vos deux petits Piques, vous devez exceptionnellement préférer un contrat en fit 4-3 plutôt qu'en 5-2.

TOP SECRET

Sur votre redemande à 1SA,
votre partenaire a répété sa majeure au niveau de 2.

Même avec 14 H et un fit 3ème,
réfrénez votre envie de reparler.

Passez !

VOTRE PARTENAIRE A REBIDDE à 1SA

Sud	Nord
1♦	1♥
1♠	1SA
?	

❶
♠ RV53
♥ 862
♦ AV743
♣ R

❷
♠ ADV7
♥ 2
♦ R75432
♣ V8

❸
♠ V1073
♥ 65
♦ ARD109
♣ D2

❹
♠ A432
♥ A75
♦ AD1096
♣ 3

❺
♠ AV1054
♥ D6
♦ ARV973
♣ —

❻
♠ RD42
♥ —
♦ AD1053
♣ AD74

❼
♠ AR103
♥ 2
♦ AD109754
♣ 3

❶ **Passe** - avec ces honneurs dispersés, un Roi sec et un Carreau trop faible pour être répété. N'ayez crainte, le partenaire aura souvent des Trèfles.

❷ **2♦** - la partielle la plus raisonnable.

❸ **Passe** - préférable à 2♦, car ici on ne voit pas l'intérêt de jouer pour 8 plis plutôt que pour 7 !

❹ **2♥** - 3 cartes à Cœur, une ouverture agréable et une courte à Trèfle.

❺ **3♠** - obligatoirement un joli 6-5.

❻ **3♣** - tricolore fort, toutefois limité par l'absence de saut à 2♠ au tour précédent.

❼ **3♦** non forcing - laisse encore la possibilité de jouer 3SA ou peut-être 5♦.

TOP SECRET

	Sud	Nord
Dans la séquence :	**1♣ / 1♦**	**1♥**
	1♠	**1SA**

ne reparlez jamais de votre mineure lorsqu'elle est seulement 5ème.

Votre partenaire risquant d'y être singleton, il vous faut absolument au moins 6 cartes pour la répéter.

VOTRE PARTENAIRE A REBIDDE à 1SA

Sud	Nord
1♦	1♥
1♠	1SA
?	

❶
♠ A643
♥ R102
♦ ARD107
♣ 5

❷
♠ AD109
♥ D
♦ ARV96
♣ 1042

❸
♠ A432
♥ A65
♦ A7532
♣ 4

❹
♠ AV107
♥ A
♦ RV1086543
♣ —

❺
♠ DV95
♥ R
♦ AD102
♣ V643

❻
♠ A753
♥ 2
♦ A854
♣ A1052

❼
♠ A1096
♥ 2
♦ ARD1095
♣ R3

❶ **3♥** - 3 cartes à Cœur, un singleton à Trèfle et environ 17 H (avec 18-19 H et la même distribution, vous auriez jumpé à 2♠ au 2ème tour).

❷ **2SA** - 16-17 H pas réguliers (puisque non-ouverture de 1SA).

❸ **2♥** - même si Nord ne détient que 4 Cœurs, cette main se prête mieux à un jeu à la Couleur qu'à Sans-Atout (3 As et coupes à Trèfle de la main courte).

❹ **5♦** - un "gambling" gagnant, si l'on trouve une ou deux bonnes cartes chez le partenaire.

❺ **Passe** - préférable à 2♣ avec ces honneurs dispersés.

❻ **2♣** - il vaut mieux jouer à la Couleur avec ce tricolore.

❼ **3SA** - un bon pari avec cette main qui apporte au partenaire 7-8 plis directs.

TOP SECRET

	Sud	Nord
Après :	**1♣ / 1♦**	**1♥**
	1♠	**1SA**

un soutien à Cœur est une enchère encourageante qui promet exactement :

- **3 atouts**
- **et une courte dans la dernière couleur.**

APRES UNE ENCHERE D'ESSAI GENERALISE à 2SA

Sud	Nord
1♣	1♠
2♠	2SA*
?	

1
♠ A1054
♥ DV2
♦ R43
♣ D107

2
♠ V1093
♥ AR5
♦ 42
♣ RV96

3
♠ DV102
♥ 5
♦ 843
♣ ARV109

4
♠ 10932
♥ RD54
♦ V6
♣ RDV

5
♠ AR105
♥ DV10
♦ 62
♣ A732

6
♠ DV108
♥ RV7
♦ R92
♣ RV10

7
♠ R1095
♥ R43
♦ 62
♣ ADV10

8
♠ AV94
♥ A632
♦ 5
♣ A1082

❶ **3♠** - l'enchère la plus décourageante qui soit (il est bien évidemment interdit de passer).

❷ **3♥** - force à Cœur (pas à Carreau) et ouverture non minimum.

❸ **4♣** - distribution 5-4 avec 5 beaux Trèfles. Si Nord annonce le contrôle à Carreau, on poursuivra par le contrôle à 4♥ (espoir de chelem).

❹ **3♠** - coup de frein (ouverture hyper-minimum).

❺ **4♠** - main maximum avec de bons atouts; rien d'autre à déclarer.

❻ **3SA** - distribution 4333 (donc pas de valeurs de coupe), honneurs plus efficaces à Sans-Atout qu'à l'atout et 14 pts H. Au répondant d'aviser.

❼ **3♣** - pour insister sur la qualité de la couleur d'ouverture (ensuite on déclarera 3♥ sur 3♦).

❽ **4♦*** saut conventionnel : courte à Carreau et main riche en contrôles.

TOP SECRET

Sur 2SA* essai généralisé du répondant, ne revenez à 3 dans la majeure fittée qu'avec les jeux plats de 12-13 H.

Avec toutes les autres mains, faites une enchère positive.

4ème COULEUR FORCING

Sud	Nord
1♦	1♥
1♠	2♣*
?	

❶
♠ A 10 7 4
♥ R 10 5
♦ A R 10 9 3
♣ 2

❷
♠ A V 10 5
♥ D 2
♦ A R V 10 9 6
♣ 3

❸
♠ A 10 3 2
♥ 6 3
♦ A R V 9
♣ 5 3 2

❹
♠ A R 4 3
♥ 2
♦ A 8 5 4 2
♣ A 5 3

❺
♠ A V 7 5
♥ A 10
♦ R 6 3 2
♣ 7 4 3

❻
♠ R V 6 2
♥ D 8
♦ A V 9 5
♣ V 9 7

❼
♠ A 10 6 4 3
♥ 5
♦ A R V 9 5 2
♣ 6

❽
♠ A R D 9
♥ 3 2
♦ D V 5 4
♣ 5 3 2

❶ **3♥** - seulement 14 H, mais une distribution 5431, des top-cartes et de nombreux intermédiaires (un soutien à 2♥ serait nettement insuffisant).

❷ **3♦** - environ 16 H et 6 belles cartes à Carreau.

❸ **2♦** - sans aucun arrêt à ♣, 2SA est exclu; on est donc obligé de répéter la solide couleur 4ème pour rester au plus bas.

❹ **3♣** - afin d'essayer de ne pas jouer les Sans-Atout à partir de cette main sans fourchette, tout en décrivant malgré tout sa distribution.

❺ **2♥** - faute de mieux avec rien à Trèfle (impossibilité de déclarer 2SA).

❻ **2SA** - un Valet 3ème est la teneur minimum qui permet d'effectuer cette enchère.

❼ **3♠** - un 5-6 qui n'est pas faible, puisqu'il n'a pas été ouvert de 1♠.

❽ **2♠** (!) - pour insister sur la qualité des 4 cartes à Pique (rappelons que les bons joueurs ouvrent les bicolores noirs 5-5 , non de 1♣, mais de 1♠).

TOP SECRET

Embarrassé par une 4ème couleur forcing,
faute de mieux,

répétez la plus belle de vos couleurs 4èmes.

3ème COULEUR FORCING

Sud	Nord
1♣	1♥
2♣	2♦ *
?	

0
♠ 3
♥ R96
♦ R532
♣ AD1094

1
♠ 432
♥ —
♦ AV94
♣ AD6532

2
♠ A85
♥ AV3
♦ 2
♣ AV10973

3
♠ AD10
♥ V
♦ D108
♣ AD10953

4
♠ V7
♥ A10
♦ AV3
♣ D75432

5
♠ V
♥ A
♦ V432
♣ RDV9654

6
♠ 4
♥ D5
♦ A32
♣ AR109652

7
♠ 64
♥ V3
♦ AD2
♣ RV10984

8
♠ A53
♥ 6
♦ A85
♣ AV9832

9
♠ A5
♥ 3
♦ AD102
♣ A109863

10
♠ RD3
♥ 42
♦ DV
♣ RD10742

⓪ **2♥** - prioritaire sur un soutien à Carreau.

❶ **3♦** - montre 4 cartes à Carreau et par conséquent l'absence de fit 3ème à Cœur.

❷ **3♥** - un soutien à 2♥ serait insuffisant (il faut surévaluer les As).

❸ **3SA** - maximum de la répétition à 2♣ (15-16 H), de solides arrêts à Pique.

❹ **2♥** - faute de mieux; la couleur est trop laide pour une seconde répétition des Trèfles et 2SA serait mauvais sans tenue à Pique.

❺ **3♣** - il faut ignorer les 4 mauvais Carreaux et insister sur la longueur et la qualité des Trèfles.

❻ **4♣** - l'enchère la plus explicite pour décrire ce jeu sympathique (honneurs rouges, singleton).

❼ **3♣** - un sérieux coup de frein.

❽ **2♠** - afin de faire éventuellement jouer 3SA de l'autre main, puisque l'on a dénié les Piques au tour précédent.

❾ **3♠*** conventionnel : force maximum, beau fit à Carreau, As de Pique, courte à Cœur...

❿ **2SA** - arrêts à Pique, pas 3 cartes à Cœur. Après tout, cette main a une forme plutôt "régulière".

TOP SECRET

**Si vous ne soutenez ni les Cœurs ni les Carreaux,
votre 3ème enchère - même 2 ou 3SA -
va montrer implicitement 6 cartes à Trèfle.**

Vérifiez-le.

VOUS AVEZ REPETE LES PIQUES

Sud	Nord
1♠	2♣
2♠	3♦
?	

❶	❷	❸
♠ RV10983	♠ RDV1084	♠ 1076432
♥ 64	♥ 63	♥ 5
♦ R32	♦ AV5	♦ AD7
♣ A5	♣ D2	♣ AD9

❹	❺	❻
♠ AD10642	♠ AV954	♠ ARD1093
♥ ADV	♥ V106	♥ 2
♦ 103	♦ A105	♦ A84
♣ 105	♣ R2	♣ 1065

❼	❽	❾
♠ AR1096	♠ AV10953	♠ A65432
♥ A32	♥ 4	♥ 752
♦ DV4	♦ RD6	♦ A3
♣ 63	♣ AV10	♣ R4

❶ **3♠** - pour affirmer les 6 bons Piques, ce qui permettra à Nord de soutenir même avec un honneur sec.

❷ **4♠** - couleur autonome à Pique, complément d'honneurs dans les mineures et rien à Cœur.

❸ **4♣** - bien que 6èmes, ces Piques sont trop anémiques pour être répétés. De surcroît, la concordance d'honneurs dans les mineures ne donne aucune envie de jouer 3SA avec un singleton à Cœur.

❹ **3SA** - sans doute le meilleur choix, car il vaut mieux annoncer les bons arrêts à Cœur et la distribution régulière que le 6ème Pique.

❺ **3♥** - pour laisser la porte ouverte à 3SA avec en face un complément d'arrêt à Cœur ou sinon à un soutien à Pique dans 2 cartes.

❻ **4♦** : 6 très beaux Piques, l'As de Carreau et aucune envie de jouer 3SA (on a dénié 4 cartes à ♦ au tour précédent).

❼ **3♥** - si Nord possède la Dame de Cœur, c'est à lui de jouer 3SA.

❽ **4♥** * - courte à Cœur, honneurs mineurs, 6 cartes à Pique (en face d'un "non-initié", annoncez plutôt 4♣).

❾ **3♥** - que dire d'autre avec ces 6 mauvais Piques ? Sûrement pas 3♠ ! et avec ces 3 petits Cœurs ? Sûrement pas 3SA !...

TOP SECRET

Dans l'impossibilité de répéter une 3ème fois les Piques ou de dépasser le contrat de 3SA,

utilisez l'enchère de 3♥ comme un "joker".

VOUS POSSEDEZ UN BICOLORE 5-5 MINEUR

1♦	1♥	❶
2♣	2♠	
?		

♠ A D
♥ R
♦ A V 10 7 6
♣ 10 9 4 3 2

1♦	1♠	❷
2♣	2SA	
?		

♠ V 3
♥ 4
♦ R D V 4 2
♣ R D 10 6 3

1♦	1♠	❸
2♣	2SA	
?		

♠ D
♥ R 4
♦ A D 10 6 3
♣ R D 5 4 2

1♦	1♥	❹
2♣	2SA	
?		

♠ 4
♥ 3
♦ A R 7 5 3 2
♣ A R 6 4 3

1♦	1♥	❺
2♣	2SA	
?		

♠ A 5
♥ 2
♦ A D 10 7 6
♣ A D 10 5 4

1♦	1♠	❻
2♣	2♥*	
?		

♠ R 6 4
♥ —
♦ A D 7 5 2
♣ D 6 4 3 2

1♦	1♠	❼
2♣	3SA	
?		

♠ A 4 2
♥ —
♦ R 6 5 4 3
♣ R D 7 3 2

1♦	1♠	❽
2♣	3♥	
?		

♠ V
♥ V 2
♦ A D V 5 4
♣ R D 10 9 3

❶ **2SA** - meilleure enchère que 3♣ avec la double garde à Pique et 9 H sur 14 dans les majeures.

❷ **3♣** - avec ce bicolore 5-5 faible, il vaut mieux s'arrêter dans une partielle mineure.

❸ **3SA** - la manche à tenter avec les honneurs dans les majeures.

❹ **4♣** - décrit un élégant 6-5 (un chelem mineur n'est pas du tout exclu).

❺ **3♠** * - par convention un beau 5-5 mineur avec une force à ♠. On laisse ainsi au partenaire le choix de la manche (ou parfois même du chelem mineur).

❻ **2♠** - nettement préférable à 3♣ avec 3 Piques, une ouverture minimum et 5 Trèfles quelconques.

❼ **Passe** - confiance, Nord tient les Cœurs à double tour. D'autre part, il ne devrait pas avoir 5 cartes à Pique.

❽ **3SA** - que dire d'autre en face d'un 5-5 majeur ?

TOP SECRET

	Sud	Nord
Attention, après :	**1♦**	**1♥ / 1♠**
	2♣	**2SA**

la répétition des Trèfles montre un désir de s'arrêter dans une partielle mineure.

Par conséquent, à partir de 14 points, dites autre chose que 3♣.

VOUS POSSEDEZ UN BICOLORE 5-5 MINEUR

❶

1♦	1♥
2♣	2♥
?	

♠ 2
♥ R5
♦ A10642
♣ AR753

❷

1♦	1♠
2♣	3♠
?	

♠ 4
♥ D5
♦ D10976
♣ ARV532

❸

1♦	1♠
2♣	3♥
?	

♠ —
♥ V107
♦ AR843
♣ RV952

❹

1♦	1♠
2♣	3SA
?	

♠ A5
♥ —
♦ A65432
♣ AD1082

❺

1♦	1♥
2♣	4♣
?	

♠ 2
♥ D5
♦ DV1064
♣ ADV72

❻

1♦	1♠
2♣	3♦
?	

♠ 65
♥ 3
♦ RD1073
♣ AD1062

❼

1♦	1♥
2♣	2♦
?	

♠ V
♥ 54
♦ RD432
♣ ADV75

❽

1♦	1♥
2♣	2♦
?	

♠ 8
♥ 76
♦ ARV52
♣ ARV104

❶ **4♥** - lorsque l'on connaît chez le répondant 6 (ou bien 5 magnifiques) Cœurs, 4♥ constitue un bon pari avec ces top-cartes.

❷ **Passe** - il faut être raisonnable en situation de misfit (Nord a 6 Piques et une dizaine de pts H).

❸ **4♥** - le partenaire a décrit un bicolore majeur 5-5 d'au moins 12 H.

❹ **4♣** - pour imposer le contrat en mineure (manche ou chelem).

❺ **4♠** - contrôle à Pique (mais pas à Cœur ni à Carreau).

❻ **4♣** - description naturelle du bicolore (en face du soutien forcing de manche à 3♦).

❼ **Passe** - sur la préférence à 2♦, reparler par 3♣ montrerait un 5-5 plus fort.

❽ **3♣** - car une manche est encore possible.

TOP SECRET

Prenez garde, sur une enchère de préférence, vous devez passer avec une ouverture minimum,

	Sud	Nord
car, après :	**1♦**	**1♥ / 1♠**
	2♣	**2♦**

continuer à décrire votre bicolore en disant 3♣ constituerait une tentative de manche.

VOUS AVEZ REPETE VOTRE MINEURE AVEC UN SAUT

❶

1♣	1♥
3♣	3♦
?	

♠ R 2
♥ 7 5
♦ R 8 2
♣ A R D 10 5 3

❷

1♦	1♥
3♦	3♥
?	

♠ 7 4 3
♥ D V 5
♦ A R D 10 9 6
♣ A

❸

1♣	1♠
3♣	3♠
?	

♠ V 3
♥ 7 4
♦ A R V
♣ A D V 9 5 2

❹

1♦	1♥
3♦	4♥
?	

♠ A 5 4
♥ —
♦ A R 10 8 4 3 2
♣ R 9 8

❺

1♣	1♥
3♣	3♦
?	

♠ V 4 2
♥ V
♦ A D V
♣ A D V 10 9 8

❻

1♣	1♥
3♣	4♣
?	

♠ A R 5
♥ D 3
♦ 9 6
♣ A R V 9 8 7

❼

1♦	1♥
3♦	3SA
?	

♠ A 10 7
♥ —
♦ R D 10 8 7 6 4 2
♣ R 9

❽

1♣	1♠
3♣	3♠
?	

♠ D 10 2
♥ —
♦ A 10 3
♣ A R V 10 8 7 5

❶ **3SA** - afin de recevoir l'entame avec Rx à Pique.

❷ **4♣** - sur une redemande forte de l'ouvreur, toutes les nouvelles enchères (hormis les demandes de manche) sont forcing. Ici, 4♣ agrée implicitement les Cœurs dans la perspective d'un chelem.

❸ **4♠** - soutien logique en face d'une couleur 6ème (ou 5ème très forte).

❹ **Passe** - vous n'avez rien promis à Cœur. Nord sait ce qu'il fait (du moins, espérons-le...).

❺ **3♠** - pour demander un complément à Pique, car, avec un bon arrêt dans la couleur, on déclarerait directement 3SA.

❻ **4♠** - enchère de chelem à Trèfle sans contrôle à Carreau ni à Cœur sur le déclic à 4♣.

❼ **5♦** - moins encourageant que 4♦ qui, bien sûr, aurait été forcing.

❽ **5SA* Joséphine** à Pique - à quoi bon tourner autour du pot ! De toute façon, un Blackwood serait absurde avec une chicane et le seul vrai problème tient à la présence de l'As et du Roi de Pique en Nord.

TOP SECRET

Quand, à votre 3ème tour d'enchères,
vous déclarez 3♥ ou 3♠ en tant que dernière couleur,

vous demandez à votre partenaire
un complément dans celle-ci en vue de 3SA.

Dans la même collection :

R. Berthe	Mémento des enchères à la française
R. Berthe et N. Lébely	La défense et ses secrets
R. Berthe et N. Lébely	Enchères - Jeu avec le mort
R. Berthe et N. Lébely	Le Squeeze simple Pas à Pas
M. Bessis et N. Lébely	Bien enchérir en attaque
M. Bessis et N. Lébely	Bien enchérir en défense
J. Le Dentu et R. Berthe	Mesurez-vous aux champions
E. Kantar	Réussir et battre un même contrat, t. 1
E. Kantar	Réussir et battre un même contrat, t. 2 *Attaque et défense*
Marc Kerlero	Enchères mode d'emploi
Ron Klinger	100 Conseils pour gagner
Mike Lawrence	Devenez un as du Patton suisse
Victor Mollo	Maîtres et monstres
M. Kerlero et N. Lébely	Enchères à la française-*Exercices*
R. Berthe	Plans de jeu Pas à Pas : *Les atouts répartis 4 - 4*

www.ingramcontent.com/pod-product-compliance
Lightning Source LLC
LaVergne TN
LVHW011712230826
846091LV00015BA/4136

* 9 7 8 2 2 4 6 5 0 3 2 1 7 *